Peter Imming

mit einem Beitrag von Joël Schrumpf

Klima. Umwelt. Leben. Hoffnung.

clv

1. Auflage 2023
(vollständige Überarbeitung und Erweiterung des 2002
erschienenen Titels »Ist diese Welt noch zu retten?«)

Ravensberger Bleiche 6 · 33649 Bielefeld
www.clv.de

Satz: EDV- und Typoservice Dörwald, Steinhagen
Umschlag: Lucian Binder, Marienheide
Druck und Bindung: GGP Media GmbH, Pößneck

Artikel-Nr. 255503
ISBN 978-3-89397-503-7

Wir weigern uns immer noch stur, unsere Handlungsweise zu ändern. Wenn wir nicht bereuen, wird es keine Veränderung geben.[1]

Tony Rinaudo (* 1957), Naturschützer,
genannt »Der Waldmacher«, 2022

Unsere Verwaltung der Erde muss nicht von uns allein, sondern in Partnerschaft mit Gott betrieben werden. … Ich kann persönlich den Wert und den Reiz dieser Partnerschaft bezeugen.[2]

Sir John Houghton (1931 – 2020)
Vorsitzender der Arbeitsgruppe I
des Weltklimarats (IPCC) 1988 – 2002

1 Im Original: »We're still stubbornly refusing to change our ways. If we don't repent, there will be no change.« (https://www.abc.net.au/news/2022-07-24/tony-rinaudo-forest-maker-fmnr-land-regeneration-africa/101189330; zuletzt aufgerufen am 10. 07. 2023), Übersetzung durch Peter Imming.

2 Im Original: »… our stewardship of the earth need not be pursued on our own but in partnership with God. … I can personally bear testimony to the value and excitement of that partnership«, in: R. S. White (Hrsg.), *Creation in Crisis* (London: SPCK Publishing, 2009), S. 33; Übersetzung durch Peter Imming.

Inhalt

Kapitel 1

Fluten, Dürren, Gifte, Seuchen, Gier und Krieg: Die Welt, in der wir leben?

Leben kann man nicht mit einem einfachen Satz definieren. Dafür ist es zu schön, zu vielfältig, zu besonders, zu bewegt und bewegend. Leben ist robust: Bakterien, die in heißen Quellen leben, illustrieren es genauso wie Ahornsamen, die in ganz wenig Erde in einer Dachrinne keimen. Beide Beispiele illustrieren auch, warum Leben labil ist. Wenn das Wasser kälter wird, gedeihen die thermophilen Bakterien nicht. Das Ahornpflänzchen wird bald herausfinden, dass sein Lebensraum viel zu klein ist für das Potenzial, das in ihm steckt.

Leben ist robust, wenn es die richtige Umgebung hat. Die richtige Umgebung sind vor allem andere Lebewesen. Über-leben, Leben erhalten – das geht nur im Zusammen-leben der Geschöpfe, in der Balance der Lebensräume und Lebensansprüche.

Leben war schon immer gefährdet. Das ist noch eins seiner Charakteristika. Leben braucht Pflege, Achtsamkeit, Zeit und Raum zur Entfaltung. Zwangsläufig nutzt und gestaltet jedes Lebewesen seinen Lebensraum nach seinen Ansprüchen. Das hat Folgen – lebensförderliche und lebensverhindernde – für andere Lebewesen. Einige Lebewesen haben größeren und nachhaltigeren Einfluss auf Lebensräume als andere. Robuste Arten gedeihen in vielen Umgebungen und passen sich schnell an veränderte Bedingungen an. Viele Bakterienarten gehören dazu, auch Robinien und Füchse, um je ein Beispiel aus dem Pflanzen- und Tierreich zu nennen. Elefanten gestalten durch ihre Größe und Kraft den Lebensraum stark um; man sieht zum Beispiel im Norden Botsuanas der Natur an, dass es hier große Elefantenherden geben muss.

Und, ja: Der Mensch ist der Über-Gestalter. Überall auf dem Planeten haben wir unsere Spuren hinterlassen. Die Spuren sind oft Schneisen, sind Müll unseres Handelns, wenn der Überfluss zu Überresten wurde. Zunächst ganz positiv: Menschen können Lebensräume bewahren und gestalten. Lebens*raum* ist ja nichts Statisches. Ein weiteres Charakteristikum von Leben besteht in seiner Beweglichkeit und Veränderbarkeit. Menschen kooperieren bewusst: Sie halten Haustiere, definieren Naturschutzgebiete. Menschen kooperieren auch unbewusst – in Bakteriensymbiosen, biologischen Kreisläufen – mit anderen Lebewesen und ermöglichen gegenseitiges Leben und Überleben. Dieser wunderbare Aspekt des Menschseins muss betont werden; denn er ist starke Motivation, sich für den Lebenserhalt auf der Erde einzusetzen. Eingebunden zu sein ins Erleben und Betrachten der Lebewesen und Lebensräume der Erde – das ist eine der schönsten Freuden des Menschseins. Es ist »alles« so gut. Und schön. Dass Leid und Tod zum Leben auf der heutigen Erde gehören, erzeugt genau deshalb Schmerz. Die Verletzlichkeit erhöht noch unsere Wertschätzung und unseren Respekt intakten Lebens.

Gleichzeitig sind wir Menschen in der Lage, Leben dauerhaft und flächendeckend zu zerstören. Darum muss es in diesem Büchlein leider gehen, weil der Einfluss menschlichen Handelns das Leben auf dem Planeten tatsächlich bedroht in einem Ausmaß, wie es unsere weniger zahlreichen und technisch weniger mächtigen Vorfahren nicht konnten. Menschen haben schon immer Lebensräume massiv verändert. Ein altbekanntes Beispiel ist die Abholzung der Wälder im Mittelmeerraum. Wir sind gut darin, Wüste und Leere zu hinterlassen. Manche anderen Geschöpfe können sich dem anpassen oder sind dafür geschaffen. Viele andere Lebewesen müssen ausweichen. Wenn es keine Ausweichräume mehr gibt, sterben sie aus. Wie können wir das verhindern? Wie müssen wir Menschen unser Verhalten ändern, um uns und anderen Lebewesen nicht die Lebensgrundlage zu rauben? Gier, Gedankenlosigkeit, Egoismus und Sadismus (die Lust am Leid anderer) sind nicht Betriebsunfälle, sondern leider Grundkonstanten des Menschseins. Woher kann Hoffnung kommen, dass sowohl Menschen als auch die Erde eine gemeinsame Zukunft haben? Was können wir tun und was müssen wir lassen, um diese Zukunft nicht zu verbauen? Wo sollen wir anfangen?

Es gibt so viele Baustellen: Quecksilber im Mund. Insektizide auf Acker und Wiese. Asbest zur Wärmedämmung (verboten). Benzol im Benzin (erlaubt). Ganz neue Gefahren durch gentechnisch veränderte Lebensmittel? Durch neue gentechnisch veränderte Bakterien- und Virenstämme, die noch schlimmer sind als die alten. Wo immer man hineinbeißt, sich hinlegt, hinfasst – Gifte gären, Mikroben lauern. Der Tod schleicht sich an. Warnsignale versagen, auf die sich unsere Vorfahren noch verlassen konnten: »Sieht komisch aus – riecht verdorben – schmeckt eklig.« Was unsere Umwelt gefährdet, sieht oft harmlos aus. Die Umwelt scheint durchsetzt von unsichtbaren Feinden. Die »Feinde« sind geruch- und farbloses Kohlendioxid (CO_2), winzige unsichtbare Krankheitserreger, die innerhalb von Stunden durch den internationalen Flugverkehr überall hinkommen können, und (zu) viele andere mehr.

Nicht nur die schnellen Flugreisemöglichkeiten machen aus lokalen Problemen globale Krisen. Die weltweite Vernetzung von Geld- und Warenströmen befriedigt zugleich Bedürfnisse und erzeugt Mangel. Ganzjährig frische Schnittblumen und Erdbeeren, frischer Fisch aus dem Pazifik auch für Mitteleuropa, Arzneimittelproduktion für Nordamerika in Indien und China, Computermüll*produktion* in der EU, Computermüll*entsorgung* in Westafrika. Die Liste von Arbeitsteilung, Abhängigkeiten und Folgeschäden nimmt kein Ende. Ein einfacher Ausstieg aus den Zyklen erscheint unmöglich, ohne vielen Menschen die Arbeits- und Lebensgrundlage zu entziehen – wobei gleichzeitig genau diese Zyklen Arbeits- und Lebensgrundlagen reduzieren.

Alle diese Vorgänge führen uns drastisch vor Augen, was frühere Generationen auch wussten, aber nicht in diesem Ausmaß sozusagen experimentell erleben konnten: Das Leben auf der Erde ist fragil, alle Lebewesen stehen in lebensnotwendigen Lebenszusammenhängen.

Natürlich sind das lange bekannte Allgemeinplätze, die noch keine konkreten Vorschläge erlauben, was man tun kann, um Leben zu erhalten. Viele Maßnahmen im Privaten und Politischen, die derzeit empfohlen werden, kranken aber gerade daran, dass man sich der Komplexheit der Vorgänge nicht bewusst ist. Oder man ist sich dessen bewusst, scheut aber die Mühe, Lösungsvorschläge in alle Richtungen zu durchdenken, bevor man loslegt. Oder man ist sich bestimmter Zusammenhänge bewusst, sucht aber das plakative einfache Beispiel.

Die Abwägungen sind im konkreten Einzelfall schwierig. Zum Beispiel plante Norwegen, 2023 einen großen Windpark nördlich von Trondheim anzulegen. Dem Ziel umweltfreundlicher Energiegewinnung stand aber das Ziel entgegen, Lebensraum für Rentierherden und die jahrhundertealte Lebensweise der dort ansässigen Menschen zu erhalten. In Äthiopien wurden Straßen gebaut, was der rasch wachsenden Bevölkerung in ländlichen Gebieten sehr hilft, besser mit Arbeit, Lebens- und Arzneimitteln versorgt zu sein. Gleichzeitig ist dadurch der rasche Transport der pflanzlichen Droge Khat auf die arabische Halbinsel möglich. Sie bringt rasche Barerträge und wird daher verstärkt angebaut. Neben dem gesundheitlichen und sozialen Schaden bei Konsumenten hat das auch zur Folge, dass einheimische äthiopische Lebensmittelpflanzen weniger angebaut werden, ja, das Wissen um ihren Anbau zu verschwinden droht, und dann Lebensmittel energieaufwendig importiert werden müssten.

Beispiele solcher Art ließen sich beliebig fortsetzen und führen alle zu den beiden folgenden Erkenntnissen: (1) Jede Verbesserung im Hinblick auf Ressourcen- und Umweltschonung erzeugt Folgeprobleme, die mit ins Kalkül genommen werden müssen. (2) Menschlicher Egoismus ist eine leider unvermeidliche Konstante, die nicht ignoriert werden darf.

Außer den »kleinen« leisen Katastrophen gibt es die großen, lauten, nassen. Sintflutartigen Regenfällen stehen anderswo verdorrende Landstriche gegenüber. Das Eis der Pole und die Gletscher der Berge schmelzen – nachweislich. Industriegifte erobern die letzten Paradiese. »Seveso ist überall« war der Titel eines Bestsellers über eine Chemie-Katastrophe schon im Jahr 1978. Es ging um Dioxin, das man seitdem an vielen Stellen gefunden hat, wo es besser nicht wäre: Sportplatzschotter, Transformatoranlagen ... Per- und polyfluorierte Alkylverbindungen (PFAS) gehören inzwischen zu den verbreitetsten Stoffen auf der Erde, obwohl sie erst seit ca. 1940 produziert werden. Da sie und ihre Abbauprodukte in der Natur kaum zersetzt werden, nennt man sie auch »Ewigkeitschemikalien«. Sie werden in einer Vielzahl von Gütern des täglichen Gebrauchs eingesetzt: polymer in der Textilindustrie, niedermolekular als Kältemittel in Wärmepumpen, in der galvanischen und Papierindustrie usw. Sie kommen inzwischen in Trinkwasser und menschlichem Blut vor. Wirkung auf den Körper? Vielfältig. Gesundheitsgefährdend? Man weiß es noch nicht genau. Aber es läuft ja ein groß angelegter Langzeitversuch, um das herauszufinden …

Umwelt-Tod: Das ist ein Tod, der sich langsam und unbemerkt heranschleicht, dann aber umso härter und unabwendbarer zuschlägt.

Zu spät für den Aralsee im Süden der früheren Sowjetunion. Gigantische unsinnige Bewässerungsprojekte lassen ihn versalzen und vertrocknen – unwiderruflich.

Zu spät für viele Menschen entlang von Flüssen, die in künstliche Betten gezwungen wurden. Wenn die starken Regenfälle kommen, tritt das Wasser mit zerstörerischer Macht über die Ufer – spült Häuser und Menschen weg. So im Jahr 2002 in Deutschland und Österreich. Bis zu 400 Liter pro Quadratmeter – solche monsunartigen Regenmengen hatte man in Mitteleuropa bis dahin nicht gekannt. Flüsse eroberten sich ihre Betten wieder und rissen dabei ganze Dörfer weg. Die wilde Weißeritz war irgendwann in Röhren und Kanäle gezwängt worden. Niemand in Dresden erinnerte sich an den ursprünglichen Verlauf dieses harmlosen Bächleins. Als im Erzgebirge die Schleusen brachen, nahm die Weißeritz wieder ihren Weg – mitten durch den Dresdner Hauptbahnhof. »Elb-Auen« – ein romantisch klingendes Wort. Bis die Elbe ihre Auen wieder überflutete, wie sie es seit Menschengedenken nicht getan hatte. Dass »hinter dem Deich« gleich »unter dem Deich« ist, entdeckten jetzt viele Dörfer und Städte schmerzlich, als sie überflutet wurden. Die Deiche waren zu niedrig oder brachen. Der Mensch dachte, die (Fluss-)Natur gebändigt zu haben, doch der Fluss war stärker. Man nannte das Jahrtausend-Flut in der Annahme, solche Ereignisse seien selten. Inzwischen – 2021 – gab es aber in Deutschland im Ahrtal eine Flut mit der größten Zahl von Opfern seit der Sturmflut in Hamburg 1962.[3]

Klimaexperten rechnen damit, dass die Sommer in Mitteleuropa nass werden: Klimaerwärmung. Die durchschnittliche Wassertemperatur in den Ozeanen ist gestiegen. Mehr Wasser gelangt in die Atmosphäre und kommt dann sturzflutartig irgendwo wieder herunter. Es war Mittelmeerwasser, das Donau, Elbe, Moldau, Mulde, Weißeritz und andere 2002 anschwellen ließ. Werden wir etwas dagegen tun können und wollen? Werden wir es so tun, dass es nicht noch schlimmer wird? Weitere Fluss-»Begradigungen« sind jedenfalls einst-

3 https://de.wikipedia.org/wiki/Hochwasser_in_West-_und_Mitteleuropa_2021 (zuletzt aufgerufen am 11. 08. 2023)

weilen aufgeschoben worden. Die Natur lässt sich nicht auf Dauer in ein schmales Bett zwingen.

Zu spät für die Energievorräte der Welt? Wie lange werden sie noch halten? Wie viele Kriege wird der Kampf ums Öl noch verursachen? Der Verbrauch an Energie hat sich innerhalb der letzten einhundert Jahre verzehnfacht. Jeder Mensch benötigt im Schnitt 2,5-mal so viel Energie wie im Jahr 1900. Ein Deutscher jagte 2021 etwa acht Tonnen Kohlendioxid in die Luft, ein Chinese ungefähr dieselbe Menge, ein US-Amerikaner etwa das Doppelte.[4] Der nach dem 19. Jahrhundert ungeheuer angestiegene Energieverbrauch scheint tatsächlich die genannte Klimaerwärmung hervorzurufen. Einerseits direkt, weil alle verbrauchte Energie zu Wärmeenergie wird. Andererseits indirekt durch erhöhten Kohlendioxidgehalt der Luft (Treibhauseffekt).

Zu spät für die letzten Sibirischen Tiger – Wilderei und Zerstörung ihrer Lebensräume werden sie bald zu einer ausgestorbenen Tierart gemacht haben. Eine der schönsten und stolzesten Tierarten, die je gelebt hat. Sie sind nicht allein: Laut der Roten Liste gefährdeter Arten (IUCN Red List) war 2023 etwa ein Viertel der Säugetierarten bedroht.

Zu spät für die junge deutsche Studentin, die sich Ende 1999 auf einer Urlaubsreise durch Westafrika mit dem Lassa-Virus infizierte. Ihr tragischer

---

4 https://de.statista.com/statistik/daten/studie/1273207/umfrage/pro-kopf-co2-emissionen-in-deutschland-den-usa-und-china/ (zuletzt aufgerufen am 10. 07. 2023).

Tod machte uns schlagartig bewusst, dass Bürgerkriege und die Zerstörung von Ökosystemen die Verbreitung dieses und anderer gefährlicher Keime fördern. Das Virus zirkuliert normalerweise in der Vielzitzenratte. Die Ratten erkranken nicht selbst, haben aber Millionen von Lassa-Viren im Blut, die über den Urin in die Umwelt gelangen. Sind Menschen auf der Flucht (in Sierra Leone war das zeitweise die Hälfte der Bevölkerung), dann können Lebensmittel nicht mehr ordnungsgemäß gelagert werden. Gleichzeitig bieten verlassene Dörfer mit noch vollen Getreidesilos den Ratten eine üppige Nahrungsquelle. Umgekehrt versuchen die fliehenden, hungernden Menschen mit Fallen alle möglichen Tiere zu fangen, auch Vielzitzenratten. Beim Kontakt mit den Ratten kommt es leicht zur Infektion. Laut immunologischen Reihenuntersuchungen sind in Staaten wie Guinea, Liberia und Sierra Leone 10 bis 35% der Bevölkerung mit dem Virus in Kontakt gewesen. Das Lassa-Fieber ist nur ein Beispiel unter vielen dafür, dass eine Veränderung im natürlichen Gleichgewicht einer Tierart eine ursprünglich seltene Krankheit zu einer Volksseuche werden lässt. Wenn nämlich diese Tierart einen gefährlichen Erreger beherbergt. Solange Bürgerkriege und Zerstörung der Umwelt in Westafrika Hand in Hand gehen, werden die Vielzitzenratte und das Lassa-Virus auf dem aufsteigenden Ast bleiben.

Zu spät für Theiß und Donau. »Wir waren sicher, dass der Damm der Kläranlage tausend Jahre hält«, sagte der rumänische Umweltbeauftragte Ioan

Gherghes.[5] Er hielt nur von Mitte 1999 bis Anfang Februar 2000. Dann trat nach anhaltendem Schneeregen eine cyanid- und schwermetallhaltige Giftlauge aus und zerstörte auf lange Zeit alles Leben in der ungarischen Theiß, die von Anglern wegen ihres Fischreichtums gerühmt wurde. Die Giftlauge stammte aus dem Auffangbecken einer Goldmine. Anschließend schoben der Betreiber der Mine und die rumänische und ungarische Regierung einander die Schuld in die Schuhe. Der Umwelt half der Streit nicht mehr; er hinterließ nur ein zusätzliches ätzendes Gefühl beim Beobachter.

Der blaue Planet ist ein schöner Planet. Voller Farben, Leben und Wärme. Sind wir dabei, ihn kaputt zu machen – für immer? Sind wir noch zu stoppen? Können wir uns gegenseitig stoppen, indem möglichst viele Menschen und Völker zusammenarbeiten? Den »Gipfel der geplatzten Träume« nannte *DER SPIEGEL*[6] den Umwelt-Weltgipfel in Johannesburg. Es war eine Megakonferenz, zu der sich im August 2002 rund 50 000 Teilnehmer samt 100 Staats- und Regierungschefs trafen. Der BUND (Bund für Umwelt und Naturschutz Deutschland e.V.) nannte ihn nachher den »Gipfel der nachhaltigen Enttäuschung«.[7] Zwanzig Jahre später – 2022 – fand in Ägypten die UN-

---

5 Süddeutsche Zeitung Nr. 39/2000 (17.02.2000), S. 11.

6 SPIEGEL ONLINE, 04.09.2002 (https://www.spiegel.de/politik/ausland/uno-konferenz-der-gipfel-der-geplatzten-traeume-a-212372.html; zuletzt aufgerufen am 10.07.2023).

7 Ebenda.

Klimakonferenz statt. Der Norddeutsche Rundfunk schrieb dazu: »Die typische Klimakonferenz. Wieder UN-Klimakonferenz, wieder endlose Debatten, wieder ein Minimalkonsens als Kompromiss, wieder ein Bericht darüber.«[8]

Wir scheinen Hilfe zu brauchen bei dem dringenden Anliegen, diese Welt lebensfähig zu erhalten. Will uns überhaupt jemand helfen? Hilft uns kein Gott, »unsre Welt zu erhalten«?[9] Wollen wir Hilfe? Oder bekommen wir die Lage »alleine« in den Griff? »Alleine« wäre schade – wo es jetzt schon so aussieht, als gäbe es bald nur noch eine Art auf der Erde: den Menschen – der aber ohne andere Lebewesen nicht überleben kann. Mehr Vielfalt wäre schöner – nicht nur wir allein. Sondern jeder und alles, was Leben hat – und Leben gibt.

---

8 Mediathek-Beitrag vom 16.11.2022 (https://www.ardmediathek.de/video/extra-3/die-typische-klimakonferenz/ndr/Y3JpZDovL25kci5kZS82MDVkMzZhYy1hZTI1LTRjMjItYTAzZC1lMTU5ZDdhZjdjMTc; zuletzt aufgerufen am 10.07.2023).

9 Vergleiche das Lied »Der blaue Planet« der Gruppe *Karat* mit dem Refrain »Uns hilft kein Gott, unsre Welt zu erhalten« aus dem Jahr 1982.

Kapitel 2

Umweltzerstörung ist Verlust von Lebensraum

Man kann das Thema sehr technisch behandeln, also über biologische Kreisläufe sprechen und über industrielle Produktionsprozesse, Sachzwänge, pH-Werte, Emissionen bestimmter Chemikalien wie CO_2, langlebige Isotope und vieles andere mehr. Ich möchte das hier nicht in den Vordergrund stellen, so wichtig es ist, aber in späteren Kapiteln auch konkrete Probleme und Lösungswege ansprechen. Gehen wir das Thema zum Einstieg grundsätzlicher an und legen uns die folgenden drei Fragen vor.

Erstens: Was bedeutet »Umweltzerstörung« eigentlich? Es ist wohl vernünftig, wenn wir das Wort am Anfang unserer Überlegungen klar definieren. Bei den meisten von uns ruft das Wort »Umweltzerstörung« sicherlich die Vorstellung rauchender Schlote hervor oder das Bild eines Chemikers, der eine dampfende, ätzende Flüssigkeit irgendwohin kippt, sodass dort nichts mehr wächst. Und so ist es ja auch oft. Abstrakter und allgemeiner formuliert:

Umweltzerstörung ist die Zerstörung und der Verlust von Lebensraum für Menschen, Tiere, Pflanzen. Wo etwas leben sollte und konnte, da kann es dies nun nicht mehr – und das aufgrund menschlicher Handlungen.

Zweitens wollen wir uns die Frage stellen: Warum gibt es Umweltzerstörung? Mit anderen Worten: Was sind die echten Ursachen dafür, dass unsere Welt vielerorts so unwirtlich geworden ist? Das ist das Thema der meisten Kapitel dieses Buches.

Drittens: Warum gibt es in unserem Leben, in unserer Welt solche krassen Widersprüche, wie sie die Karikatur (Abbildung 1) in zugespitzter Weise zeigt?

Abbildung 1. Urheber: Marius Pitzer, Marburg.

Da haben wir eine Industriestadt und ein Flugzeug, alles rauchende Schlote, und jemand fragt einen anderen: »Stört es Sie, wenn ich rauche?« Das Rauchen ist in diesem Kontext nicht der größte Teil des Luftverschmutzungsproblems.

Generell dürfen wir uns bei der Beschäftigung mit Umweltzerstörung nicht bei Dingen aufhalten, die wenig ins Gewicht fallen. Wir dürfen nicht an Symptomen herumkurieren und dabei das eigentliche Problem aus dem Auge verlieren. Das passiert auf vielen Gebieten: Wir halten uns mit Nebensächlichkeiten auf, weil wir nicht den Mut haben oder uns nicht die Zeit nehmen, zum Kern der Sache vorzudringen. Auch die Klimaaktivistin Reemtsma stellte sich gegen Gedanken, wonach »wir alle ganz allein die Klimakrise aufhalten können, indem wir noch eine Bambuszahnbürste kaufen«.[10]

Manche Chemikalien und andere Dinge haben einen schlechten Ruf bekommen, weil wir Sündenböcke suchen. Weil es das Gewissen beruhigt, wenigstens ein kleines Umweltproblem angepackt zu haben … Es ist einfacher, kleine Löcher zu stopfen. Aber was bringt es, wenn das Fass durch das große Loch leer läuft, während wir mit dem Stopfen des kleinen Lochs beschäftigt sind?

Die Bohrinsel »Brent Spar« dürfte so ein Sündenbock gewesen sein. Mit riesigem Aufwand wurde ver-

---

10 Talkshow »Markus Lanz«, ZDF, 11. 04. 2023 (https://www.zdf.de/gesellschaft/markus-lanz/markus-lanz-vom-11-april-2023-100.html; zuletzt aufgerufen am 10. 07. 2023).

hindert, dass sie nach ihrer Ausmusterung 1995 im Atlantik versenkt wurde. Gleichzeitig lief die Förderung und Verbrennung riesiger Mengen Erdöl weiter … wurde beispielsweise die Umwelt rund um die nigerianischen Ölquellen weiter zerstört. Kritisch gefragt: War das Engagement in Sachen »Brent Spar« vielleicht deswegen so stark, weil es nur mit der Unannehmlichkeit verbunden war, nicht an Tankstellen einer bestimmten Kette zu tanken, sondern zu einer anderen zu fahren? Würden wir uns auch für die Belange der Menschen in den Fördergebieten Nigerias starkmachen, gar einen höheren Benzinpreis akzeptieren, damit die dortige Umwelt intakt bleibt? Letztlich war es sogar so, dass die verhinderte Versenkung eine gar nicht umweltfreundlichere Entsorgung der Bohrinsel nach sich zog. Viel Lärm um nichts – zur Gewissensberuhigung?

Wir haben Umweltprobleme. Aber im Dschungel der Chemikalien, Emissionen, Strahlen, Löcher, Seuchen, Regenwälder und sauren Regenfälle gibt es auch Scheinprobleme. Manches ist zu Schlagworten und Sündenböcken geworden. Merkwürdig zum Beispiel, dass der Leitbegriff »Umwelt« zwischen 2002 und 2022 durch den Begriff »Klima« verändert wurde, einem weit weniger umfassenden Aspekt der Gesamtproblematik. Um den Durchblick zu behalten, ist Sachlichkeit notwendig. Eine sachliche Auseinandersetzung im Detail, aber auch im Grundsätzlichen. Um Letzteres soll es in diesem Buch gehen. Beispiele für Umweltprobleme aus früheren Zeiten werden angeführt werden und uns helfen, mit zeitlicher Distanz und mit dem Abstand anderer Kulturen unsere Kultur und unsere heutigen Probleme besser zu verstehen und anzupacken.

Kapitel 3

»Ein Loch ist im Eimer«

Wie beginnt noch das alte Endloslied? »Ein Loch ist im Eimer, liebe Liese, liebe Liese. Ein Loch ist im Eimer, liebe Liese – ein Loch! Dann stopf es, lieber Heinrich, lieber Heinrich …« Um ein Loch im Eimer flicken zu können, benötigt man Stroh. Um das Stroh zu schneiden, braucht man ein Messer, um das Messer zu schärfen, einen Schleifstein, um diesen zu befeuchten, Wasser. Um das zu holen, wäre ein Eimer vonnöten, aber: »… ein Loch ist im Eimer«.

Das Lied schildert humorvoll eine alltägliche Problematik: Um eine Sache reparieren zu können, benötigt man die Sache selbst. Und zwar voll funktionstüchtig.

Unsere Versuche, ökologische Systeme zu retten oder zu gestalten, drehen sich oft ähnlich im Kreise. Ein kleines lustiges Beispiel: Um einen ausgetrockneten hübschen Teich wiederzubeleben, ließen Beamte des französischen Außenministeriums Wasser einfüllen. Das führte rasch zu massivem Algenwachstum. Man setzte Fische aus, um die Algen zu fressen. Die Fische hatten nicht lange Zeit dafür, weil sie von Graureihern gefressen wurden. Diese stehen gesetzlich unter Naturschutz. Man hoffte nun, Füchse, die ja Gesetze nicht lesen können, würden die Reiher fressen. Die schnappten sich aber lieber die Zierenten. Füchse und Fischreiher ließen es sich gut gehen und machten auch die Gärten und Teiche der Nachbarn unsicher. »Ein schreckliches ökologisch-administratives Drama«, schrieb die Tageszeitung *Le Figaro* …[11]

Es gibt weniger lustige Beispiele. Ein skurriles: Der Kokainhändler Pablo Escobar ließ afrikanische Flusspferde auf seine Ranch in Kolumbien (Südamerika) bringen. Nachdem er 1993 von der Polizei erschossen wurde, begannen die Tiere ein Eigenleben zu führen und sich prächtig zu vermehren. Weil sie eine Gefahr für einheimische Tiere und Pflanzen darstellen, zum Beispiel die vom Aussterben bedrohten Seekühe, sollten sie sterilisiert werden, sind aber inzwischen als invasive Art zum Abschuss freigegeben worden.[12]

Besonders wichtig und aktuell sind Zusammenhänge, die uns aktuell herausfordern und die nicht (nur) mit Tierarten zusammenhängen, sondern vor allem mit Flächen-, Wasser- und Energienutzung. Es sind tatsächlich globale Zusammenhänge. Reduziert man beispielsweise den Verbrauch fossiler Brennstoffe bei gleichbleibendem, ja, steigendem Energiebedarf, so werden andere Energieträger einspringen. Sind es Sonnenlichtkollektoren oder Windkrafträder, so ist deren (energieintensive! – »ein Loch ist

---

11 https://www.welt.de/print-welt/article537800/Algen-und-Aussenpolitik.html (veröffentlicht am 11.10.2000; zuletzt aufgerufen am 10.07.2023).

12 https://www.faz.net/aktuell/gesellschaft/tiere/in-kolumbien-flusspferde-von-pablo-escobar-zum-abschuss-freigegeben-17801554.html (aktualisiert am 13.02.2022; zuletzt aufgerufen am 10.07.2023).

im Eimer« …) Produktion und die Gewinnung der Rohstoffe dafür zu berechnen, außerdem der Flächenbedarf, die Auswahl der Flächen, Stromleitungen und Stromspeicher. Nicht zu vergessen sind wirtschaftliche und nationale Interessen und Zwänge. Im Jahr 2023 stand die US-amerikanische Regierung vor der Frage, ob sie vier Flussdämme des Columbia-River-Systems im Staat Washington abreißen lässt, damit Lachse wieder zu ihren Laichgebieten kommen können. Die Dämme wurden seit den 1960er-Jahren errichtet und tragen dazu bei, Wasserkraft als erneuerbare Energiequelle zur Verfügung zu stellen. Naturschutz oder Klimaschutz? Oder kann hier beides nebeneinander existieren?[13]

Die angedeuteten Beispiele sollen nicht entmutigen, sondern sie lehren uns Lektionen, die wir teilweise schon ansprachen und besser nicht ignorieren: *Erstens:* Jede Gegebenheit, jedes Lebewesen ist vernetzt, daher auch jeder Problemlösungsversuch. *Zweitens:* Die Vernetzung ist oft zyklisch, daher wird das zu verbessernde System mindestens am Anfang eine Veränderung erfahren. *Drittens:* Keine Wirkung ohne Nebenwirkungen. (Die Pharmazie lässt grüßen.)

Und schließlich *viertens*: Man darf nicht den zweiten oder dritten vor dem ersten Schritt tun.

Die zuletzt genannte Lektion bedeutet in der Praxis Folgendes, wiederum an einem Beispiel illustriert.

---

13 https://www.fisheries.noaa.gov/west-coast/endangered-species-conservation/federal-columbia-river-power-system-biological-opinion (zuletzt geändert am 20.04.2023; zuletzt aufgerufen am 10.07.2023).

Das Beispiel stammt diesmal aus dem Arzneimittelbereich. (Ich hoffe, die Unterschiedlichkeit der Beispiele hilft, das Gemeinsame der Problematik zu sehen.) Europa produziert nur noch sehr wenige Arzneistoffe selbst. Arzneistoffe sind die wirksamen Bestandteile von Arzneimitteln. Wegen weltweiter Produktions- und Lieferengpässe wird diskutiert, Arzneistoffproduktion nach Europa zurückzuholen. Nun könnte man eine entsprechende Produktionsanlage errichten. Das würde aber nicht helfen; denn auch die Ausgangsstoffe für die Arzneistoffherstellung sind in Europa nicht vorhanden; außerdem stehen Planungsverfahren, Chemikaliengesetze, Arbeitskräftemangel und hohe Arbeitskosten einer Umsetzung im Wege. Es ist also vieles zu bedenken und zu tun – es sind viele »erste Schritte« zu gehen –, bevor man ernsthaft beginnen möchte, eine Produktionsanlage zu bauen. Und wir gehen an dieser Stelle noch eine Ebene tiefer mit unserer Analyse.

Sowohl das Beispiel zur Arzneistoffproduktion als auch die wichtige aktuelle Diskussion um Energieträger bezeugen: Als wirklich erster Schritt müssen überzogene menschliche Ansprüche erkannt und offengelegt werden. Jeder weiß das von sich selbst: Was man hat und woran man sich gewöhnt hat, davon will man sich nicht trennen. **Der erste Schritt des Umgangs mit den drängenden Umweltproblemen – also mit unserem Umgang mit der Erde und allen darauf lebenden Geschöpfen einschließlich der Menschen –, dieser erste Schritt Richtung Lösung**

beinhaltet, dass wir Gier, Angst und Sorge offen aussprechen und zugeben. In einem späteren Kapitel werde ich mehr dazu ausführen.

Kapitel 4

Ein urmenschliches Problem

Überall auf unserem Planeten haben Völker die Erinnerung an einen harmonischen Urzustand bewahrt. Die bekannteste Fassung der Geschichte macht uns mit unserem Stammvater und unserer Stammmutter bekannt. Ob wir das als historisches Geschehen lesen oder nicht – Ablauf und Bedeutungsgehalt haben uns viel zu sagen im Hinblick auf die Probleme, die wir der Erde in unserer Zeit machen.

Wir treffen das Menschenpaar in einer beneidenswerten Umgebung an, dem traumhaften Garten in Eden, von Gott speziell als Lebensraum für Menschen hergerichtet. »Paradies« *(parádeisos)* ist einfach ein altgriechisches Wort für »Garten«. »Eden« bedeutet »Wonne«, »Lieblichkeit«.

Leider wollen viele Menschen nichts mit Gott zu tun haben. Sie trauen ihm nicht zu, uns in unserem Dasein zu helfen, ja, halten ihn vielleicht sogar für einen Störfaktor oder glauben gar nicht, dass es einen Gott gibt. Bei Sir John Houghton (1931 – 2020) war es anders. Er war von 1988 bis 2002 Vorsitzender der Arbeitsgruppe I des Weltklimarats (IPCC). Sein Vertrauen in Gott auch in Fragen von Umwelt- und Klimaschutz drückte er einmal so aus: »Für mich als Christ bedeutet dies, dass unsere Verwaltung der

Erde nicht allein, sondern in Partnerschaft mit Gott betrieben werden muss. … Ich kann persönlich den Wert und den Reiz dieser Partnerschaft bezeugen.«[14] Lassen wir uns mit John Houghton auf eine Überlegung ein, die Gott nicht ausblendet.

In der Bibel lesen wir im 1. Buch Mose Folgendes:

»Und Gott der HERR nahm den Menschen und setzte ihn in den Garten Eden, ihn zu bebauen und ihn zu bewahren. … Und sie hörten die Stimme Gottes des HERRN, der im Garten wandelte bei der Kühle des Tages. Und der Mensch und seine Frau versteckten sich vor dem Angesicht Gottes des HERRN mitten unter die Bäume des Gartens. Und Gott der HERR rief den Menschen und sprach zu ihm: Wo bist du? Und er sprach: Ich hörte deine Stimme im Garten, und ich fürchtete mich, denn ich bin nackt, und ich versteckte mich. Und er sprach: Wer hat dir mitgeteilt, dass du nackt bist? Hast du gegessen von dem Baum, von dem ich dir geboten habe, nicht davon zu essen? Und der Mensch sagte: Die Frau, die du mir beigegeben hast, *sie* gab mir von dem Baum, und ich aß. Und Gott der HERR sprach zu der Frau: Was hast du da getan! Und die Frau sagte: Die Schlange betrog mich, und ich aß. Und Gott der HERR sprach zu der Schlange: Weil du dies getan hast, sollst du verflucht sein vor allem Vieh und vor allen Tieren des Feldes! Auf deinem Bauch sollst du kriechen und Staub fres-

14 R. S. White (Hrsg.), *Creation in Crisis* (London: SPCK Publishing, 2009), S. 33.

sen alle Tage deines Lebens. Und ich werde Feindschaft setzen zwischen dir und der Frau und zwischen deinem Samen und ihrem Samen; *er* wird dir den Kopf zermalmen, und *du* wirst ihm die Ferse zermalmen. Zu der Frau sprach er: Ich werde die Mühsal deiner Schwangerschaft sehr mehren, mit Schmerzen sollst du Kinder gebären; und nach deinem Mann wird dein Verlangen sein, er aber wird über dich herrschen. Und zu Adam sprach er: Weil du auf die Stimme deiner Frau gehört und gegessen hast von dem Baum, von dem ich dir geboten und gesprochen habe: Du sollst nicht davon essen! – so sei der Erdboden verflucht um deinetwillen: Mit Mühsal sollst du davon essen alle Tage deines Lebens; und Dornen und Disteln wird er dir sprossen lassen, und du wirst das Kraut des Feldes essen. Im Schweiß deines Angesichts wirst du dein Brot essen, bis du zurückkehrst zur Erde, denn von ihr bist du genommen. Denn Staub bist du, und zum Staub wirst du zurückkehren! … Und Gott der HERR schickte ihn aus dem Garten Eden hinaus, den Erdboden zu bebauen, wovon er genommen war …«[15]

Diese Geschichte führt den Verlust und die Beschädigung der Natur auf Misstrauen und Treuebruch zurück, hier: gegenüber dem Schöpfer. Statt bei Gott rückzufragen, folgten die Menschen Einflüsterungen und ihrer Gier. Stellen wir uns vor, meine Frau hätte mich ganz ernsthaft gebeten – weil

---

15 1. Mose 2,15; 3,8-19+23.

es ihr wichtig ist –, etwas *nicht* zu tun. Dann käme jemand, den ich gar nicht richtig kenne, und würde zu mir sagen: »Hör nicht auf deine Frau, sie lügt; sie will dir nur etwas vorenthalten.« Wenn ich dann lieber auf ihn als auf meine Frau hören würde, ja, sogar seiner Unterstellung glauben würde, meine Frau wolle mir etwas vorenthalten – dann würde unsere eheliche Beziehung massiv gestört. Genau das haben die ersten Menschen getan. Sie haben nicht nur einfach irgendeine Frucht gegessen. Man kann das nicht unter »Kirschen aus Nachbars Garten« ablegen. Was sie getan haben, war anders und schlimmer. Es war ein Treuebruch, der zu einer gestörten Beziehung führte. Wir Menschen können Treuebrüche nicht gut verkraften, weil wir dadurch als Person infrage gestellt werden. Bei Gott ist es ebenso.

Die Menschen waren mit einem wunderbaren Lebensraum beschenkt worden. Dazu gehörte die Aufgabe und Verantwortung, diesen Lebensraum zu pflegen und zu bewahren. Menschliche Selbstbezogenheit und Vertrauensbrüche führen zu der Situation, in der wir heute leben. Wir wollen die Erde allein managen mit Konsequenzen für die gesamte Schöpfung. Das wird exemplarisch als »Fluch des Ackerbodens« beschrieben. Es ist ein Beispiel für Umwelt (= Lebenswelt), die verloren gegangen ist. Was wir heute ja massiv erleben: dass Lebenswelt verloren geht.

Adam und Eva, so sagt uns die Geschichte, mussten den wunderbaren Garten verlassen. Es gab keinen Rückweg für sie. Der Eingang zum Garten wurde bewacht; sie sollten nie wieder dorthin zurückkehren dürfen. Der Garten war dafür geschaffen worden, dass Menschen darin leben, und die Menschen mussten ihn nun verlassen. Der Lebensraum, den sie als Ersatz bekamen, war weniger lebensfreundlich, auch dadurch, dass ihn nun Menschen besiedelten. Viele menschliche Handlungen und Sehnsüchte gehen noch heute nach dem verlorenen Paradies hin – sei es, dass wir uns mit technischen und chemischen Hilfsmitteln die Mühsal der Arbeit erleichtern wollen; sei es, dass wir mit Drogen in »künstliche Paradiese« abtauchen wollen, weil wir das echte Paradies nicht mehr haben.

Aber es gibt noch eine andere Ursache für den Verlust von Lebensraum: Mord. Brudermord.

Kapitel 5

Blut ist kein guter Dünger

Kain und Abel stehen für ein schreckliches Problem, das Menschen miteinander haben: dass wir so weit gehen, selbst eigene Geschwister zu töten, wenn wir Hass in unseren Herzen zulassen. In der Bibel lesen wir, ebenfalls im 1. Buch Mose:

»Und es geschah nach Verlauf einer Zeit, da brachte Kain dem HERRN eine Opfergabe von der Frucht des Erdbodens; und Abel, auch er brachte von den Erstlingen seiner Herde und von ihrem Fett. Und der HERR blickte auf Abel und auf seine Opfergabe; aber auf Kain und auf seine Opfergabe blickte er nicht. Und Kain ergrimmte sehr, und sein Angesicht senkte sich. ... Und Kain sprach zu seinem Bruder Abel; und es geschah, als sie auf dem Feld waren, da erhob sich Kain gegen seinen Bruder Abel und erschlug ihn. Und der HERR sprach zu Kain: Wo ist dein Bruder Abel? Und er sprach: Ich weiß es nicht. Bin *ich* meines Bruders Hüter? Und er sprach: Was hast du getan! Horch! Das Blut deines Bruders schreit zu mir von dem Erdboden her. Und nun, verflucht seist du vom Erdboden weg, der seinen Mund aufgetan hat, um das Blut deines Bruders von deiner Hand zu empfangen! Wenn du den Erdboden bebaust, soll er dir fortan seine Kraft nicht geben; unstet und flüchtig sollst du sein auf der Erde.«[16]

Auch diese Geschichte enthält eine überzeitliche Analyse. Seit Abel sind Milliarden von Menschen gewaltsam getötet worden. Wie kann eine Erde, die vom Blut unserer Mitmenschen durchfeuchtet ist, noch lebenswert sein? Bildlich gesprochen: Blut ist kein guter Dünger. Wieso soll uns Gott dabei helfen, wieso soll uns irgendjemand dabei helfen, dass diese Welt paradiesisch wird? Können wir ernsthaft erwarten, dass wir selbst unsere Welt lebenswert gestalten? Wie schrecklich anschaulich wird es formuliert: »Das Blut deines Bruders schreit zu mir von dem Erdboden her.« Wie viel Blut von wie vielen Brüdern und Schwestern schreit heute zum Himmel? Wenn wir es hören könnten, wenn jeder im Krieg oder Frieden ermordete Mensch jetzt hörbar rufen würde – ich fürchte, dieses Geräusch würde alle anderen Geräusche übertönen. Verschiedene Institutionen haben Karten und Übersichten von Kriegen und bewaffneten Konflikten zusammengestellt. Ein grauer Kreis (Abbildung 2) zeigt das für den Zeitraum 1900 – 2000.

Für Kain hatte der Mord zwei schreckliche Folgen. Erstens hatte er keinen Kontakt mehr »nach oben«. Er musste die »Nähe Gottes« verlassen. Zweitens verlor er den Kontakt »nach unten«, zum Erdboden, zur Umwelt. »Wenn du den Erdboden bebaust, soll er dir

16 1. Mose 4,3-5+8-12.

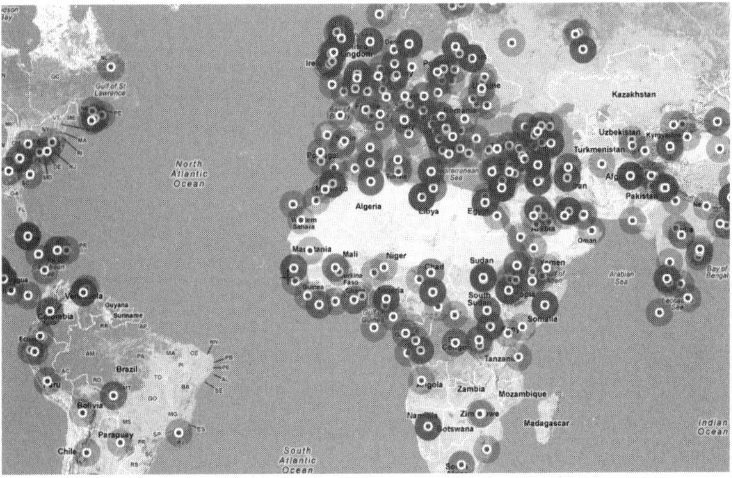

Abbildung 2: Kriege und bewaffnete Konflikte 1900–2000. Quelle: Smithsonian Magazine, https://www.smithsonianmag.com/smart-news/this-is-a-map-of-every-war-ever-71553453/ (zuletzt aufgerufen am 21. 06. 2023).

fortan seine Kraft nicht geben«, der Erdboden wird ihm also keinen Ertrag mehr bringen. Ebenso wie Adams und Evas Vertrauensbruch mit Gott Folgen für die Umwelt hatte, so auch der Brudermord; denn es war nicht die ursprüngliche Absicht, dass der Erdboden keinen Ertrag bringen sollte.

Mord und Krieg sind keine gelegentlichen Ausrutscher, sondern begleiten leider die Menschheitsgeschichte durch alle Zeiten und Kulturen. Weil wir Menschen regelmäßig so hart miteinander umspringen, ist auch die Erde betroffen, auf die wir von Gott eigentlich gesetzt wurden, um gut miteinander leben zu können. Es geht jetzt nicht um die rein materiellen Vorgänge und Mechanismen, die zu Missernten, Hungersnöten und ungleicher Verteilung der Nahrungsressourcen führen. Viel wichtiger ist, *warum* wir mit diesen Dingen ein Problem haben: weil wir uns gegenseitig hassen, weil wir uns gegenseitig umbringen. Noch 2019 schrieben die Vereinten Nationen, dass eigentlich genug Lebensmittel produziert werden, um alle gegenwärtig lebenden Menschen zu versorgen. Trotzdem litten geschätzt 821 Millionen Menschen an chronischer Unterernährung.[17] Durch den Krieg in der Ukraine, der 2022 begann, ist die Hungerproblematik dramatisch verschlimmert worden. Das *World Food Programme* sprach 2023 von einer globalen Hungerkrise. Als Hauptursachen dafür wurden Kriege und Konflikte genannt sowie der Klimawandel, der Saat und Ernte beeinträchtigt, und stark gestiegene Preise für Dünger.[18] Kriege und Konflikte, die fast immer Brudermord einschließen, stehen an der Spitze.

Die Kain-ohne-Abel-Geschichte hat zu viele Fortsetzungen.

---

17 Siehe zum Beispiel https://news.un.org/en/story/2019/10/1048452 (zuletzt aufgerufen am 10. 07. 2023).

18 https://www.wfp.org/global-hunger-crisis (zuletzt aufgerufen am 10. 07. 2023).

Kapitel 6

Umweltschutz ist Umweltgerechtigkeit

Extreme Wetterereignisse sind nach Meinung von Experten in den letzten Jahren immer häufiger geworden. Beispiel: Nach extremer Trockenheit erlebten südliche Regionen Spaniens im Frühjahr 2023 extreme Regenfälle.[19] Die Anzeichen verdichten sich, dass Stürme, Fluten und Dürren auf globale Auswirkungen menschlichen Handelns zurückgehen. Ist die (Um-)Welt neuerdings außer Rand und Band? Hat es so etwas noch nie gegeben?

Doch! Wenn auch nicht mit globalen Ausmaßen. Beispiel: Die früheste ausführlich berichtete Serie von Umweltkatastrophen fand etwa im Jahr 1500 v. Chr. statt: die »Zehn Plagen« in Ägypten. Sie weist Unterschiede zu heute auf, aber auch sehr instruktive Parallelen. Was lief damals ab?

Die Familie Jakobs war aus Kanaan nach Ägypten gezogen. Kanaan, das heutige Israel/Palästina, sollte eigentlich ihre Heimat sein. Aber im Gefolge einer unschönen Familiengeschichte und veranlasst durch eine Hungersnot in Kanaan waren sie nach Ägypten ausgewandert. Dort waren sie im Nildelta

---

19 https://www.n-tv.de/der_tag/Spanien-kaempft-nach-Duerre-mit-sintflutartigem-Regen-article24143726.html (zuletzt aufgerufen am 10.07.2023).

angesiedelt worden. Im Lauf der etwa 400 Jahre seit ihrer Umsiedlung hatte sich die Familie zu einem ansehnlichen Volk vermehrt. Anfänglich hatten sie einen sehr guten Stand in der Fremde. Das hatte sich aber bis zu der Zeit, bei der wir in die Geschichte einsteigen, dramatisch geändert. Die Ägypter fürchteten sie nun, weil sie so viele geworden waren, und hatten sie zu Sklavenarbeitern gemacht. In der Bibel lesen wir im 2. Buch Mose:

»Und er [= der neue Pharao] sprach zu seinem Volk: Siehe, das Volk der Kinder Israel ist zahlreicher und stärker als wir. Wohlan, lasst uns ihm gegenüber klug handeln, dass es sich nicht vermehre und es nicht geschehe, wenn Krieg ausbricht, dass es sich auch zu unseren Feinden schlage und gegen uns kämpfe und aus dem Land hinaufziehe. Und sie setzten Fronvögte darüber, um es mit ihren Lastarbeiten zu drücken; und es baute dem Pharao Vorratsstädte: Pithom und Raemses. Aber so wie sie es drückten, so vermehrte es sich, und so breitete es sich aus; und es graute ihnen vor den Kindern Israel. Und die Ägypter zwangen die Kinder Israel mit Härte zum Dienst. Und sie machten ihnen das Leben bitter durch harten Dienst in Lehm und in Ziegeln und durch allerlei Dienst auf dem Feld, neben all ihrem Dienst, zu dem sie sie zwangen mit Härte. Und der König von Ägypten sprach zu den hebräischen Hebammen, von denen der Name der einen Schiphra und der Name der anderen Pua war, und sagte: Wenn ihr den Hebräerinnen bei der Geburt helft und ihr sie bei der Entbindung seht: Wenn es ein Sohn ist, so tötet ihn, und wenn eine Tochter, so darf sie leben.«[20]

So etwas klingt leider nicht fremd. Auch heute bei uns hört man gelegentlich besorgte Berichte darüber, dass »die Ausländer/Gastarbeiter/Migranten« mehr Kinder bekommen als die Deutschen. Manchmal folgen dann sehr schräge Bemerkungen und Ansichten. Auch der Anstieg der Bevölkerung in ärmeren Weltgegenden wird oft besorgt kommentiert – und dabei wird übersehen, dass aus vielen dieser Länder massenweise billige Rohstoffe und Produkte kommen, die wir in unseren Alltag integriert haben.

Den damaligen Ägyptern gefiel die Entwicklung jedenfalls nicht. Sie wollten die Kontrolle über ihr Land behalten. Wir haben gelesen, welche Maßnahmen sie getroffen haben: Sklavenarbeit und Kindermord. Solche Grausamkeiten hat es nicht nur 1500 v.Chr. in Ägypten gegeben, sondern sie haben sich immer wieder ereignet. In den letzten Jahrzehnten hat es unter anderem in Jugoslawien/Europa, Burundi/Afrika, Kambodscha/Asien und der Ukraine/Eurasien Kriege gegeben, deren Ausmaß an Grausamkeit und Anzahl an Opfern die in der Bibel berichteten Ereignisse längst in den Schatten stellt. Häufig sind sie genau wie damals staatspolitisch begründet worden, manchmal ökonomisch, religiös, ideologisch oder rassistisch.

---

20 2. Mose 1,9-16.

Damals wurden Mose und Aaron berufen, zum Pharao zu gehen. Wie sie dahin kamen, die Führung ihres unterdrückten Volkes zu übernehmen, soll jetzt nicht behandelt werden. Jedenfalls teilten sie dem Pharao schließlich mit, dass er die Israeliten aus Ägypten freilassen sollte, damit sie Gott dienen. Aber der Pharao sah das nicht ein. Seine Überlegungen sind leicht nachvollziehbar:

1.) »Wer ist der HERR, auf dessen Stimme ich hören soll, um Israel ziehen zu lassen? Ich kenne den HERRN nicht, und auch werde ich Israel nicht ziehen lassen.«[21] Der Pharao dünkte sich höchste Autorität mindestens im Land Ägypten. Er hat ein Problem, das vor allem Mächtige haben dürften, das wir aber alle gut verstehen: Kann ja jeder kommen und erzählen, dass irgendein Gott Autorität über mein Leben ausüben will!

2.) Das zweite Argument des Pharaos, das Volk Israel nicht freizugeben: »Warum, Mose und Aaron, wollt ihr das Volk von seinen Arbeiten abhalten? Geht an eure Lastarbeiten!«[22] Und er verschärfte am selben Tag die Anforderungen und Bedingungen der Sklavenarbeit: »Und der Pharao befahl an jenem Tag den Treibern des Volkes und seinen Vorstehern und sprach: Ihr sollt nicht mehr wie früher dem Volk Stroh geben, um Ziegel zu streichen; sie sollen selbst hingehen und sich Stroh sammeln. Und die Anzahl

21 2. Mose 5,2.
22 2. Mose 5,4.

Ziegel, die sie früher gemacht haben, sollt ihr ihnen auferlegen; ihr sollt nichts daran mindern, denn sie sind träge; darum schreien sie und sprechen: Wir wollen hinziehen, wir wollen unserem Gott opfern! Schwer laste der Dienst auf den Männern, dass sie damit zu schaffen haben und nicht auf Worte des Truges achten.«[23] Billige Arbeitskraft ist immer im Sinne herrschender Personen oder Cliquen gewesen. Bevor wir jetzt mit dem Finger auf andere zeigen, sollten wir uns daran erinnern, wie luxuriös die meisten von uns im Vergleich zum Weltdurchschnitt leben. Woher kommen die riesigen Unterschiede der Löhne und Lebensbedingungen? Sind sie gerecht? Joan Martínez Alier ist ein katalanischer Ökonom, der seit Langem zu ökologischer Ökonomie, politischer Ökologie und Umweltgerechtigkeit forscht. Zusammen mit anderen erstellt er den »Atlas für Umweltgerechtigkeit«, eine fortlaufende Dokumentation von etwa 4000 sozialen Konflikten, bei denen es um ungleiche Verteilung von Umweltressourcen oder Umweltzerstörung geht (Abbildung 3).

Ökonomie und Umweltschutz sind eng miteinander verknüpft. Ökonomische Erwägungen stehen nur zu oft für Gier und Machtausübung – so auch in dem alten Beispiel von Unterdrückung und Ausbeutung. Das sollte damals allerdings nicht von langer Dauer sein. Gott befahl dem Pharao, das Volk ziehen zu lassen, und kündigte ihm erhebliche Maß-

23 2. Mose 5,6-9.

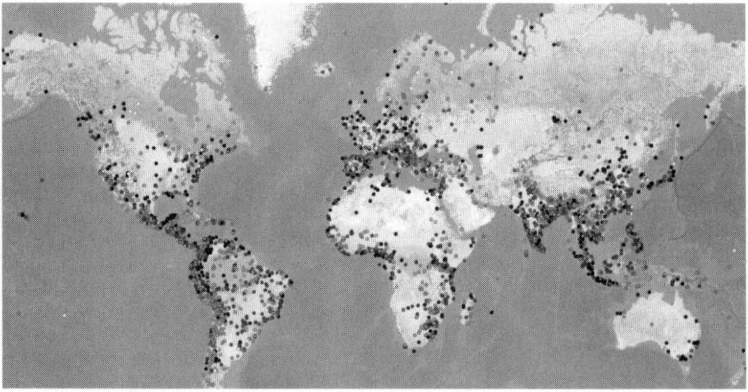

Abbildung 3: Ausschnitt (2023) aus dem EJAtlas – Global Atlas of Environmental Justice. Jeder Punkt steht für einen Umweltkonflikt. Im Original kodieren die Farben der Punkte verschiedene Arten von Konflikten, zum Beispiel Mineral- und Erzgewinnung, Müllentsorgung, Wassermanagement, Biodiversitätserhaltung.
Quelle: Leah Temper, Daniela del Bene und Joan Martínez Alier, 2015, Mapping the frontiers and front lines of global environmental justice: the EJAtlas. Journal of Political Ecology 22:255-278 (https://journals.librarypublishing.arizona.edu/jpe/article/1932/galley/2191/download/ [dort Seite 3], zuletzt aufgerufen am 10. 07. 2023).

nahmen an, sollte er nicht gehorchen. Die Ägypter waren Gottes Geschöpfe, genauso wie die Israeliten. Aber ohne über alle Ägypter der damaligen Zeit zu urteilen, muss man feststellen: Wenn auch vielleicht nur wenige aktiv an der Versklavung mitwirkten, profitierten doch die meisten davon, und »alle« schafften diese menschenverachtenden Zustände nicht ab. Zur Erinnerung: Es geht unter anderem um massenhaften Mord an Säuglingen.

Die Behandlung, die dem unterdrückten Volk damals seitens des herrschenden Volkes widerfuhr, weist Parallelen auf zur heutigen Haltung gegenüber Menschen, die vor den oft unerträglichen Zuständen in ihrer Heimat ins reiche Europa flüchten. Bürgerkrieg und Hunger treiben sie von zu Hause fort – begegnen wir ihnen dann mit Gier und Neid, weil wir Angst um unseren Reichtum haben? Seltsamerweise sind die Staaten (und Menschen!) Europas bereit, in gewissem Rahmen politisch Verfolgte aufzunehmen; aber Wirtschaftsflüchtlinge gelten als reine Schmarotzer. Aber wieso ist es verwerflich und wird mit Ablehnung beantwortet, wenn jemand existenzieller Armut zu entkommen versucht? Würden wir es anders machen? Wieso will man nicht helfen, lässt aber gleichzeitig viele unbeliebte Arbeiten von »Gastarbeitern« machen oder verlagert die Arbeit in ärmere Länder? Diese Fragen helfen uns vielleicht, erstens die damalige Einstellung der Ägypter, zweitens unsere heutige gleich gebliebene Einstellung zu unerwünschten Menschen und drittens Gottes Einstellung zu dem ganzen heuchlerischen und brutalen Treiben zu verstehen.

Was damals kam, ist als die »Zehn Plagen« in unsere Sprache eingegangen. Vom Ablauf her waren diese zehn Plagen Umweltkatastrophen, manche erschreckend ähnlich den Umweltproblemen, denen wir uns heute gegenübersehen.

Worin bestanden die zehn Plagen?

1. Plage: Verschmutztes Wasser, Fischsterben (2. Mose 7)
Früher konnte man in unseren Flüssen nicht nur baden, sondern auch den Grund sehen, und sie waren fischreich. »Früher« war sicher nicht alles besser als heute, dennoch ist hier den Flüssen, Fischen und uns ein Stück Lebenswelt, Umwelt und auch Lebensqualität verloren gegangen. Das ist nicht so plötzlich gekommen wie damals in Ägypten. Aber spricht es nicht auch zu uns? Fragen wir uns nur, wie das gekommen ist und wie wir es abstellen können? Oder fragen wir auch: Warum?

2. Plage: Froschplage (2. Mose 8)

3. Plage: Stechmückenplage (2. Mose 8)

4. Plage: Ungezieferplage (2. Mose 8)
Eine Sorte Tiere vermehrt sich plötzlich massenhaft und unkontrollierbar. In heutiger Sprache: Ökologische Gleichgewichte kippen um. Moderne Beispiele dafür gibt es sehr viele. Man kann an die Kröten- und Kaninchenplagen in Teilen Australiens denken. In diesen Fällen waren Tiere, die dort nicht heimisch sind, ausgesetzt worden bzw. ausgebüxt. Die Aga-Kröten hatte man 1935 eingeführt, um den Zuckerrohr-Käfer unter Kontrolle zu bringen. Inzwischen sind die Kröten zahlreicher und schädlicher, als die Insekten es je waren.

Daneben gibt es in unserer Zeit auch biologische Ungleichgewichte infolge von Krieg und Ausbeutung.

Im ersten Kapitel wurde als Beispiel das Lassa-Fieber in Westafrika erwähnt. Weitere Beispiele: (1) Im Vergleich mit dem Lassa-Virus »harmlose« Dinge wie Krätze, Flöhe und Läuse treten vor allem bei Kriegsgefangenen und Menschen in den Elendsvierteln unserer Städte auf. (2) Die erfolgreiche Bekämpfung bakterieller Infektionen mit Antibiotika – seit Mitte des 20. Jahrhunderts möglich – hat dazu geführt, dass besonders widerstandsfähige Bakterienstämme überlebt und sich vermehrt haben, die mit Antibiotika kaum noch totzukriegen sind.

Jedes von Menschen gelöste Problem erzeugt ein anderes, nicht selten ein schwierigeres. Das neue Problem tritt nicht immer sofort zutage, und häufig betrifft es jemand anderen als diejenigen, die das ursprüngliche Problem gelöst haben. Oft lösen wir Probleme unausweichlich auf Kosten anderer. Wir wollen uns nicht entmutigen lassen! Aber ist es wirklich zielführend, die Erde ohne ihren Schöpfer »managen« zu wollen? Und an Symptomen zu arbeiten, statt die Grundkrankheit – menschlicher Egoismus – anzugehen?

5. Plage: Viehpest (2. Mose 9)

Wer kann es in unseren Tagen noch hören? Rinderwahnsinn (BSE), Maul- und Klauenseuche, Scrapie (»Schafswahnsinn«), Vogelgrippe und Schweinepest sind ständig in den Schlagzeilen. Noch vor Kurzem waren »glückliche Kühe«, Bilder von Weiden und Almen Symbol gesunder, menschennaher Natur.

Dann waren sie plötzlich verseucht, Rinder wurden wie hochgiftiges Material behandelt. BSE hat vielleicht sogar eine Zeitbombe in uns abgelegt, die eines Tages ebenso plötzlich in Form von »Menschenwahnsinn« (Creutzfeldt-Jakob-Syndrom) losgehen kann. Wodurch die Tierseuchen aufgetreten sind, auf welche Weise sie sich verbreiten und wie wir sie hoffentlich in den Griff bekommen, das beschäftigt vernünftigerweise Betroffene, Fachleute und Politiker. Aber warum die Seuchen gekommen sind – ist das nicht die wichtigste Frage? Gibt es wirklich nur eine technische Antwort darauf – keine tiefergehende, wirklich ursächliche?

6. Plage: Eine plötzlich auftretende Seuche (2. Mose 9)
Wieder der Vergleich mit unserer heutigen Zeit: Woher kommt beispielsweise das AIDS verursachende HI-Virus? Warum ist es so plötzlich ausgerechnet in unserer Zeit aufgetreten? Das Virus hat ja offenbar schon seit Jahrtausenden in Affen »geschlummert«. Warum ist es nun auf den Menschen übergesprungen? Hat es am Ende etwas mit unserer Lebensweise zu tun?

7. Plage: Sehr starke Unwetter (2. Mose 9)
Das Wetter geriet aus den Fugen. Klimaveränderungen und Wetterphänomene wie »El Niño« beschäftigen uns heutzutage sehr. Gerät das Wetter in unserer Zeit immer mehr durcheinander, oder beschäftigen wir uns nur mehr damit? Warum beschäftigen wir uns so intensiv mit dem Wetter? Die meisten von uns haben doch gar keine Landwirtschaft, wo man wirk-

lich vom Wetter abhängt! Haben wir Angst vor diesem Planeten oder den Folgen unseres Tuns auf ihm? Vertrauen wir doch uns und unsere Zukunft dem Schöpfer an und handeln auf dieser Basis so menschen- und umweltfreundlich wie möglich!

8. Plage: Eine Heuschreckenplage; Pflanzen werden zerstört, Lebensmittel werden knapp (2. Mose 10)

Gerade im Gefolge von Kriegen hat es oft Schädlingsplagen gegeben, die den ohnehin vom Kriegselend gezeichneten Menschen zugesetzt haben. Warum tut Gott nichts dagegen, wenn er schon so mächtig ist? Gegenfrage: »Woher kommen Kriege und woher Streitigkeiten unter euch? Nicht daher: aus euren Begierden, die in euren Gliedern streiten? Ihr begehrt und habt nichts; ihr mordet und neidet und könnt nichts erlangen; ihr streitet und führt Krieg; ihr habt nichts, weil ihr nicht bittet; ihr bittet und empfangt nichts, weil ihr übel bittet, damit ihr es in euren Begierden vergeudet.«[24] Menschen haben einen freien Willen. Wir können uns für oder gegen Gier, Gewalt, Streit und Krieg entscheiden.

9. Plage: Finsternis (2. Mose 10)

Die »ägyptische Finsternis«, wie man sagt. Man konnte die Hand nicht vor Augen sehen. Man weiß nicht, was Gott damals gemacht hat, damit es so dunkel wurde. In unserer Zeit hat es nach dem Zwei-

24 Jakobus 4,1-3.

ten Golfkrieg (Irak/Kuwait, 1990–1991) ein Land gegeben, in dem man an vielen Stellen auch nicht weit sehen konnte. Das war Kuwait, und der Blick wurde durch Rußwolken verstellt, nachdem die im Krieg unterlegenen Iraker die Ölquellen dieses Landes angezündet hatten.

10. und letzte Plage: Tod aller Erstgeburt (2. Mose 11–12)
Schließlich tötete Gott alle Erstgeborenen in jedem ägyptischen Haus. Das ist eine sehr harte Maßnahme und für uns schwer zu verstehen. Gott, der Schöpfer, tötet so viele Menschen und Tiere? Konnte er seinen Willen nicht auch anders durchsetzen? Aber Gott *hat* doch damals versucht, seinen Willen anders durchzusetzen! Er hat die Ägypter anfangs mündlich – ohne Drohmaßnahmen – aufgefordert, Israel ziehen zu lassen. Er hat sie nicht höflich gebeten, sondern klare Worte gebraucht. Wäre es auch angemessen und Erfolg versprechend, Ausbeuter und Kindermörder höflich zu bitten? Gott hatte sich sehr deutlich ausgedrückt, und als das nichts fruchtete, hat er seine Macht gezeigt. Mehrmals hatte der Pharao nachgegeben – auch unter dem Druck seiner Berater. Aber immer, wenn das Umweltproblem aufgehört hatte, war die Entscheidung wieder zugunsten unveränderter Verhältnisse gefallen. Die Ausbeutung ging weiter.

Kapitel 7

Die Experten

Wenn Umwelt-Katastrophen wie damals in Ägypten auftreten, muss man irgendwie damit umgehen. Sehen wir uns an, wie die damaligen Experten reagierten, und versuchen wir, daraus zu lernen. Greifen wir die erste Plage heraus: verschmutztes Wasser und Fischsterben.

»... die Fische, die im Strom waren, starben, und der Strom wurde stinkend, und die Ägypter konnten das Wasser aus dem Strom nicht trinken; und das Blut war im ganzen Land Ägypten.«[25] Eine schreckliche Sache, und wir können uns vorstellen, wie die Lage noch durch eine allgemeine Panik und gegenseitige Vorwürfe verschlimmert wurde.

Das Umweltproblem war da. Der Urheber des Problems – Gott – wurde mindestens von der Staatsführung nicht ernst genommen. Die Ursache des Problems – Mord und Ausbeutung – wurde im Rahmen der Staatsräson »gerechtfertigt«. Gegenmaßnahmen orientierten sich an den damals üblichen Möglichkeiten. Die hießen: »Weisheit und Zauberkünste«. Sie beinhalteten ein Verhältnis zur Natur, das von

25 2. Mose 7,21.

übernatürlichen Beschwörungen geprägt war: »Und die Wahrsagepriester Ägyptens taten ebenso mit ihren Zauberkünsten; und das Herz des Pharaos verhärtete sich, und er hörte nicht auf sie [= Mose und Aaron] …«[26]

Was haben die Zauberer gemacht? Wasser verschmutzt und Fische sterben lassen. Das ist ebenso beeindruckend wie beängstigend. Wie sie das erreichten, wissen wir nicht; darauf kommt es jetzt auch nicht an. Die große Frage ist: Hätten sie nicht das Wasser wieder sauber werden und die Fische leben lassen können? Und so das Problem lösen können?

Man wird an heutige Umwelt-Experten erinnert, die uns auch sagen können, wie ein Umweltproblem zustande kommt – welches Molekül in der Atmosphäre die meiste Wärmeenergie speichern kann; wie ein Gift wirkt; im Zuge welcher Zerfallsprozesse das radioaktive Strontium-90 entsteht und wie es sich in Organismen festsetzt und welche Organe es wie schädigt; wie Gewässer »umkippen«, sodass fast nichts mehr darin leben kann. Manchmal ändern sich Einsichten und Vorgänge; beispielsweise wurde in den 1980er-Jahren saurer Regen als Hauptursache für Waldsterben in Europa ausgemacht, seit etwa 2010 sind es ausbleibende Niederschläge und Austrocknung der Böden. Der Waldzustandsbericht 2022 der deutschen Bundesregierung schreibt, dass nur 21 Pro-

26 2. Mose 7,22.

zent der untersuchten Bäume in unseren Wäldern ohne Kronenschaden sind.[27]

Leider gibt es auch Hinweise darauf, dass Experten sich streiten, weil sie von verschiedenen Interessengruppen beauftragt werden. Als Hauptunsicherheit bleibt – ohne jede Schuldzuweisung –, dass wir Menschen die längerfristigen Folgen unseres Handelns wirklich nicht überschauen können.

Aber ist es nicht nur vernünftig, zunächst die Situation zu analysieren und sich darüber klar zu werden, wie ein Umweltproblem zustande kommt? Erst dann kann man ja geeignete Gegenmaßnahmen ergreifen! Das ist selbstverständlich richtig und die wissenschaftliche Analyse des »Wie« der umweltschädigenden Vorgänge notwendig. Aber vorher und damit nachhaltig wirksame Gegenmaßnahmen ergriffen werden können, müssen die wirklichen Ursachen erkannt sein, damit man das Problem an der Wurzel packt und nicht nur an Symptomen herumkuriert:

(1) Warum ist es zu dem Umweltproblem gekommen? Die damaligen Ereignisse erteilen uns eine unmissverständliche Lehre. Die »ägyptischen Zauberer« konnten das Fischsterben höchstens auf irgendwelche Zauberkünste Moses oder auf reinen Zufall zurückführen. Die eigentliche Ursache – Gottes Zorn über Ausbeutung, Mord und Versklavung – konnten sie nicht finden, weil sie mit ihrer Denkweise

---

27 https://www.bmel.de/DE/themen/wald/wald-in-deutschland/waldzustandserhebung.html (zuletzt aufgerufen am 10.07.2023).

und ihren Untersuchungsmethoden nicht danach suchten. Ähnlich können uns heute chemische, biologische oder ökologische Detailanalysen die ethische – besser gesagt unethische – Dimension unseres Handelns nicht benennen. Wissenschaftliche Experten sagen uns nicht, was wir bereuen müssen. Das erfahren wir von einer Instanz, die zugleich objektiv (unparteiisch) und subjektiv (mitfühlend mit den Leidenden) ist. »Der HERR [= Gott] ist in seinem heiligen Palast. Der HERR [= Gott] – in den Himmeln ist sein Thron; seine Augen schauen, seine Augenlider prüfen die Menschenkinder. Der HERR [= Gott] prüft den Gerechten; aber den Gottlosen und den, der Gewalttat liebt, hasst seine Seele.«[28] Gott prüft nicht, um zu verhindern, dass wir Spaß haben. Aber er prüft sehr wohl, ob wir unserer Verantwortung und Stellung als Menschen entsprechen und ob wir Buße tun, wo wir ihr nicht entsprechen.

(2) »Was alle angeht, können nur alle lösen«, schrieb Friedrich Dürrenmatt im Anhang zu seinem Stück »Die Physiker«. Das Theaterstück handelt davon, wie Menschen durch die Wissenschaft immer mehr Naturbeherrschung lernen und so immer gefährlicher für sich selbst und die ganze Erde werden; denn was wir können, das tun wir auch, selbst wenn es unendlichen Schaden anrichtet. »Was alle angeht, können nur alle lösen« – aber wer gibt uns die Kraft, richtigen Empfehlungen zu folgen? Wer gibt

28 Psalm 11,4-5.

uns die Kraft, verlorene Lebenswelt wiederherzustellen? Wer kann eine ausgestorbene Tierart wiederbringen? Wer kann verhindern, dass Menschen die letzten Tiger dieser Erde töten, weil sie ihre Potenz durch Tigerkörperteilsuppen erhöhen wollen (was objektiver Unsinn ist)? »Stell dir vor, es wäre Krieg, und keiner geht hin.« Ich kann es mir nicht vorstellen. Ich kann es mir nur für eine komplett neue Welt vorstellen, die wir aber nicht selbst bauen können. Menschen sind nicht gut genug, eine gute Welt zu schaffen. Aber Gott will sie uns schenken. Dazu später mehr.

Am Ende von Dürrenmatts »Physikern« spricht Möbius, der echte, der geniale Physiker des Schauspiels. In seinen Schlussworten identifiziert er sich mit dem König Salomo der Bibel, der von Gott viel bekommen hatte, aber es nicht bewahren konnte. Dürrenmatt lässt Möbius sagen: »Meine Weisheit zerstörte meine Gottesfurcht, und als ich Gott nicht mehr fürchtete, zerstörte meine Weisheit meinen Reichtum. Nun sind die Städte tot, über die ich regierte, mein Reich leer, das mir anvertraut worden war, eine blau schimmernde Wüste, und irgendwo um einen kleinen, gelben, namenlosen Stern kreist, sinnlos, immerzu, die radioaktive Erde.« In dem 1962 erschienenen Schauspiel ging es um das damals furchterregendste Problem, die Atombombe. Heute hätte Dürrenmatt sein Drama vielleicht »Die Molekularbiologen« genannt oder »Die künstliche Intelligenz«, um an diesen Wissenschaftsgebieten zu zeigen, dass wir Menschen Erfindungen in die Welt setzen, die unbeherrschbare Nebenwirkungen haben. Das Problem ist nicht die Erfindung, ist nicht die Wissenschaft, sondern dass Menschen jede großartige Erfindung auch missbrauchen werden und die Folgen des Missbrauchs nicht in den Griff bekommen.

Die Analyse Dürrenmatts deckt sich mit dem, was uns die Bibel in der Geschichte der Zehn Plagen zeigt. Werden wir die Lösung der Bibel – zuerst Hinwendung zu Gott, dann Verhaltensänderung – für unsere Probleme annehmen können, oder werden wir immer wieder zu rein menschlichen Lösungsversuchen greifen? Wollen wir im Ernst durch noch mehr menschliche Weisheit und Wissenschaft zu lösen versuchen, was uns gerade immer mehr menschliche Weisheit und Wissenschaft »beschert« haben? Aktuelle Innovationen wie »künstliche Intelligenz« verstärken und vergrößern unser Menschsein in bestimmter Hinsicht und damit auch unsere dunklen Seiten.

»Was alle angeht, können nur alle lösen.« Wird uns schließlich eine Weltregierung zur Lösung der Probleme führen? Uns sagen, was wir zu tun und zu lassen haben? Ich kann mir nicht vorstellen, dass dann alles besser werden wird. Ich habe kein Vertrauen in Systeme und Menschen mit sehr großer Macht. Mein Misstrauen folgt aus den immer wiederkehrenden Erfahrungen der Menschheitsgeschichte.

Diese sehr ernüchternden Erfahrungen hat der russische Schriftsteller Dostojewski in seiner Erzählung vom Großinquisitor zusammengefasst. Was wäre, wenn Jesus noch einmal käme, aber diesmal ins Spanien der Inquisition? In Dostojewskis Erzählung wird er von den Menschen sofort erkannt, und auch vom Großinquisitor, der ihn sofort einkerkern lässt. Nachts kommt der Großinquisitor zu ihm ins Gefängnis. Jesus kommt gar nicht zu Wort; sein Gegenüber redet und redet und erklärt, warum die Kirche aus der Befreiung und Erlösung, die Gott in Jesus brachte, eine Zwangs-Weltherrschaft machen will. Was der Großinquisitor sagt, ist in den ideologischen Programmen der großen Tyranneien des 20. Jahrhunderts wiederzufinden. »Die Menschen«, sagt der Großinquisitor, »werden schließlich selbst begreifen, dass Freiheit und reichliches irdisches Brot für einen jeden zusammen undenkbar sind; denn niemals, niemals werden sie verstehen, untereinander zu teilen! Sie werden auch zu der Überzeugung gelangen, dass sie niemals frei sein können, weil sie kraftlos, lasterhaft, nichtig und rebellisch sind.«[29] So weit ein Zitat aus einer Erzählung, erschienen 1879, die als eine der klarsichtigsten Prophetien auf unsere Zeit und ihre Verhältnisse gilt. »Was alle angeht, können nur alle lösen«? Die Masse (= Quantität) wird nicht ersetzen oder kompensieren können, was bei jedem Einzelnen von uns an moralischer Qualität fehlt.

29 Fjodor Dostojewski, *Der Großinquisitor. Eine Phantasie*, Stuttgart: Reclam-Verlag, 1997, S. 21. Es handelt sich um ein Kapitel aus dem Roman »Die Brüder Karamasow«.

Vor der Frage nach dem »Wie« muss daher die Frage nach dem »Warum« gestellt und beantwortet werden. Die Antwort wird uns herausfordern, vielleicht anklagen, weil wir einen persönlichen Anteil an den Zuständen entdecken werden. Im Ägypten zur Zeit Moses war die Antwort auf das »Warum«: Ausbeutung. Heutzutage haben die reichen Länder Umweltprobleme, ja, mehr noch: Sie verursachen Umweltprobleme in aller Welt. Viele dieser Probleme kann man auf den falschen oder unverantwortlichen Umgang mit Energieressourcen, Chemikalien und Lebewesen zurückführen. Die reichen Länder dieser Welt haben im Hintergrund eine »Dritte Welt«, die sie für sich schuften lassen, ohne fair zu bezahlen. Dort werfen sie einen Gutteil ihres Schmutzes weg. Aber »weg« ist auch ein Ort, wo der Schmutz dann liegt oder rottet.

Damals ging die Gleichung »billige Arbeitskräfte = angenehmes Leben« plötzlich nicht mehr auf. Die Experten konnten die Mechanismen der Probleme zwar sozusagen nachvollziehen. In der Sprache des damaligen Ägyptens: »Sie konnten mit ihrer Magie dasselbe bewirken.« Aber das führte und führt nicht zu einer Lösung. Wenn wir nur erkennen, wie ein Problem technisch abläuft, bekommen wir es dadurch nicht gelöst. Erst wenn wir bekennen, wo unser Schuld-Anteil liegt, dann können wir Probleme wirklich anpacken und abtragen. Vorher nicht. Vorher zeigt nur einer auf den anderen: »Die müssten …«; »Die sind schuld …«; »Wenn die endlich mal …« Und

Gott bleibt aus dem Spiel. Unsere Sünde liegt seit Adam und Eva und seit Kain nicht bei Ozon oder Plutonium oder Kohlendioxid; sie liegt tiefer. Sie liegt in der rechthaberischen Überheblichkeit, eine komplizierte Welt in Verantwortung nur vor Menschen oder vor einer anonymen »Natur« bewohnen zu wollen, und nicht vor Gott, der sie geschaffen hat und dem sie gehört. Sie liegt in der stolzen Verblendung, ohne Buße, Reue und Vergebung auskommen zu wollen. Sie liegt in der falschen Einschätzung, die durch die Tatsachen Lügen gestraft wird, Menschen wären gut zueinander und würden einträchtig ihre Probleme lösen.

Es funktioniert so nicht. Wir probieren es inzwischen lange genug aus, um das einsehen zu können.

Kapitel 8

»Die Menschen sind wie das Gras«

»›Er war so teilnahmslos, Mr Herriot‹, erklärte Mrs Pumphrey. ›Er schien überhaupt keine Energie mehr zu haben. Ich dachte, er litte an Unterernährung, und daher habe ich ihm zwischen den Mahlzeiten immer ein paar Extrahäppchen zur Stärkung gegeben. Kalbssülze zum Beispiel, abends ein Schüsselchen Ovomaltine zum Einschlafen und natürlich Lebertran. Wirklich nicht viel.‹ ›Und haben Sie ihn mit Süßigkeiten kurzgehalten, wie ich es Ihnen riet?‹ ›Zuerst schon, aber dann kam er mir so entkräftet vor, und da musste ich nachgeben. Er mag so gern Sahnetorte und Schokolade. Ich bringe es einfach nicht übers Herz, ihn darben zu lassen‹ … Tricki wackelte in seinem Tweedmäntelchen neben Mrs Pumphrey her. Er besaß eine ganze Kollektion solcher Mäntel … Matt und kraftlos zockelte er die Straße entlang.«

In seinen humorvollen Erinnerungen beschreibt der englische Tierarzt James Herriot den »Fall« des Pekinesen Tricki, der von seiner Herrin so verwöhnt wird, bis er ernsthaft krank wird.[30] Zu viel Futter, zu wenig Bewegung. Die »Therapie« Herriots bestand

30 James Herriot, *Der Doktor und das liebe Vieh*, Reinbek: Rowohlt-Verlag, 1974, S. 98-103.

darin, den Hund für eine Weile von Mrs Pumphrey zu trennen, wozu sie natürlich nur schweren Herzens ihre Einwilligung geben konnte:

»Die arme Frau wurde beinahe ohnmächtig. Sie war noch nie ohne ihren Liebling gewesen und behauptete, er werde vor Sehnsucht vergehen, wenn er sie nicht jeden Tag sehe ... Ich brachte Tricki in einer warmen Box unter, dicht neben dem Verschlag, in dem die anderen Hunde schliefen. Zwei Tage lang gab ich ihm kein Futter, aber sehr viel Wasser.« Dank dieser strengen Diät kam der kleine Hund langsam wieder zu sich und schließlich sogar in Bewegung: »Er machte rapide Fortschritte. Er wurde überhaupt nicht medizinisch behandelt, sondern war den ganzen Tag mit den anderen Hunden zusammen und nahm an ihren freundschaftlichen Raufereien teil ... So entwickelte er sich sehr bald zu einem akzeptierten Mitglied der Meute, zu einem entzückenden, seidigen kleinen Geschöpf, das bei den Mahlzeiten wie ein Tiger um seinen Anteil kämpfte und nachts im alten Hühnerstall auf Rattenjagd ging. Er hatte noch nie so viel Spaß gehabt. Währenddessen rief Mrs Pumphrey täglich mindestens zehnmal an. Ich wich ihren Fragen aus, ob seine Kissen auch regelmäßig gewendet würden und er je nach dem Wetter den richtigen Mantel trüge.«

Ein Tier ist kein Mensch. Diese humorvoll erzählte wahre Geschichte illustriert es. Auch Menschen tut es nicht gut, wenn sie zu viel essen, ohne sich körperlich zu beanspruchen. Auch Menschen verkümmern, wenn sie ohne menschliche Gemeinschaft auskommen müssen, so wie der Pekinese in der Gesellschaft anderer Hunde aufblühte und sein Wesen als Hund entfalten konnte. »Artgerechte Tierhaltung« ist ein notwendiges Schlagwort unserer Zeit. »Gott machte die Tiere … nach ihrer Art«, sagt uns die Bibel im Schöpfungsbericht.[31] »Der Gerechte kümmert sich um das Leben seines Viehs, aber das Herz der Gottlosen ist grausam«[32] – und behandelt seine Tiere entsprechend. Tiere sind »nach ihrer Art« geschaffen, und man tut ihnen Gutes, wenn man sie »nach ihrer Art« behandelt. Tiere sind verschieden: Manche meiden Menschen und wir sollten sie in Freiheit lassen; die Bibel nennt sie »wilde Tiere«. Ein so unscheinbares Tier wie der europäische Feldhase lässt sich nicht als Haustier halten.[33] Andere Tierarten sind an Menschen gewöhnt oder lassen sich an uns gewöhnen; die Bibel nennt sie »Tiere des Feldes« oder »Vieh«.[34]

Gibt es auch »artgerechte Menschenhaltung«? »Der Mensch wird nur dann ganz zu sich selbst finden, wenn er weiß, wo er in der Ordnung der Dinge steht«, schrieb der atheistische Philosoph Bernulf Kanitscheider 1988.[35]

---

31 1. Mose 1,25.

32 Sprüche 12,10.

33 https://www.planet-wissen.de/natur/haustiere/hasen_und_kaninchen/feldhase-in-deutschland-100.html (zuletzt aufgerufen am 10. 07. 2023).

34 Geschaffen wurden laut 1. Mose 1,25 (revidierte Elberfelder Übersetzung 1985): »[wilde] Tiere der Erde«, »Vieh« und »alle kriechenden Tiere auf dem Erdboden«.

35 Bernulf Kanitscheider, *Das Weltbild Albert Einsteins*, München: C. H. Beck, 1988, S. 180.

In unserer Zeit lebt eine Denkrichtung wieder auf, die es schon lange gibt. Sie lebt wieder auf, weil sich viele von ihr die Lösung für unsere Umweltprobleme erhoffen: der Pantheismus. »Pantheismus«, das ist eigentlich ein religionswissenschaftlicher Überbegriff für eine Reihe von Ansichten über das Göttliche, die sich im Detail durchaus unterscheiden, aber auf eine gemeinsame Grundauffassung zurückgeführt werden können: dass es keinen Unterschied zwischen Schöpfer und Schöpfung gäbe. Gott ist die Schöpfung, oder: Gott und die Schöpfung sind wesensgleich. Daraus folgt, dass alles, was wir in der Schöpfung antreffen, ein Teil Gottes ist oder wenigstens einen Funken der Gottheit in sich trägt.

Was hat das mit Umweltschutz zu tun? Viel. Zwar gibt es wenige Zeitgenossen, die sich bewusst als Pantheisten verstehen. Aber pantheistisches Gedankengut macht sich wieder bemerkbar. So betitelte der WDR 2020 eine Sendung mit »Alles Göttlich? Pantheismus reloaded« und schrieb: »Ökologisch denkende Menschen … meinen, wenn der Mensch die gesamte Natur als göttlich versteht und wenn sich der Mensch selbst als Teil der göttlichen Natur versteht, dann geht er rücksichtsvoller mit der Natur um – und mit sich selbst.«[36] Auch wenn wir das Wort »Pantheismus« noch nicht gehört haben, so hat doch jeder von uns die Botschaft dieser Reli-

36 https://www1.wdr.de/radio/wdr5/sendungen/lebenszeichen/pantheismus-reloaded-100.html (zuletzt aufgerufen am 11.08.2023).

gion schon oft vernommen und vielleicht unbewusst verinnerlicht.

In allgemein verständlicher Form ist diese Botschaft in dem oft gehörten Slogan zusammengefasst: »Leben im Einklang mit der Natur«. Damit sind wir Menschen in »die Ordnung der Dinge« (s. o.) eingeordnet. »Natur« – damit ist nicht die menschliche Natur gemeint, sondern die Schöpfung insgesamt. Dieser wird übernatürliche, göttliche Bedeutung und Autorität zugesprochen, wie man zum Beispiel auch daran beobachten kann, dass bei entsprechenden Aussagen im Englischen »Nature« großgeschrieben wird. »Die Natur« ist eine unpersönliche Göttin, eine Kraft und Ordnungsmacht, der wir nicht widerstreben und die wir nicht verletzen dürfen. Sonst würden wir als Menschen und Menschheit Schaden nehmen und auch Unheil über andere Geschöpfe bringen. In der Konsequenz fordert diese Weltanschauung zu größter Rücksicht gegenüber jedem Grashalm und jedem Geschöpf auf. Viele hoffen, auf diesem Wege unseren Planeten retten zu können.

Bei allem Respekt vor Menschen, die auf dieser Basis eine hochgradige Verantwortungsethik gegenüber der Schöpfung verwirklichen, ergeben sich bei näherer Überlegung verschiedene grundsätzliche Bedenken, die es mir unmöglich machen, einen pantheistischen Standpunkt einzunehmen. Auch kann ich nicht glauben, dieser Standpunkt würde zum gewünschten Erfolg führen. Ich fasse die Bedenken im Folgenden zusammen.

Wenn alles im Wesen gleich ist und deshalb auch den gleichen Wert hat, dann folgt daraus gerade keine Verantwortungsethik. Sondern es gibt nur zwei Möglichkeiten: Entweder verbietet mir die Ehrfurcht vor »dem Leben«, irgendein Tier oder einen Menschen zu töten, aber dann darf ich auch keinen Apfel essen, weil ich den Fortgang des Apfel-Lebens, wie er in dieser Frucht angelegt ist, jäh unterbrechen würde. Oder es ist eben alles gleich, der Fluss des göttlichen All-Lebens fließt unbeeindruckt von jedweder individuellen Existenz, und es macht keinen ethischen oder biologischen oder historischen Unterschied, ob ich einen Baum pflanze, einen Wal rette oder ein Tier esse.

Wir merken sofort, dass beide genannten Möglichkeiten unserem Wissen vom Leben und von unserer Lebenspraxis widerstreben. Der Pantheismus ist ein Gedankengebäude, das auf den ersten Blick schön und interessant sein mag, aber mit der Realität nicht in Einklang zu bringen ist. Wie gesagt: Viele Menschen versuchen, auf dieser Basis eine Verantwortungsethik zu verwirklichen. Diese Ethik entspricht aber sehr viel mehr dem Naturbild, das wir der Bibel entnehmen können, als irgendeinem Pantheismus. Um verantwortlich handeln zu können, tun wir gerade nicht so, als ob die Natur ein Einheitsbrei sei. Sondern wir berücksichtigen ständig die Vielfalt und die Unterschiede, die Gott in seine Schöpfung gelegt hat: erstens zwischen der unbelebten und der belebten Natur; zweitens zwischen Pflanzen, Tieren und Menschen.

Die Natur ist nicht Gott, sondern er steht zu ihr in einer Beziehung wie wir Menschen zu unseren Schöpfungen. Auch wir behandeln nicht alle unsere Schöpfungen gleich. Einen Computer brauchen wir für etwas anderes als einen Hammer, und wir behandeln die beiden auch verschieden. (Manchmal den einen mit dem anderen.)

»Jedes nach seiner Art«, informiert uns die Bibel. Auch jedes Individuum soll als solches respektiert werden, aber nicht, weil es irgendwie zum Universum gehört, sondern weil es etwas Besonderes ist. Und weil es nicht mir gehört, sondern dem Schöpfer. Von daher lässt sich logisch eine Ethik sowohl für unsere Beziehung zur Natur als auch für zwischenmenschliche Beziehungen ableiten und begründen.

Ganz typisch für das 20. Jahrhundert waren Ideologien, die den Menschen als Teil einer Masse oder als Rädchen im Getriebe gesehen haben. Die grausamen Konsequenzen solcher nationalsozialistischer, rassistischer, religiöser, kommunistischer und kapitalistischer Ethiken sind bekannt. Diese Ideologien und wesensverwandte pantheistische Philosophien führen dazu, dass Einzelheiten keine Bedeutung mehr haben, weil sie in einem künstlichen und willkürlichen »Ganzen« untergehen. Da weiß dann niemand mehr, wer er ist. (Allerdings wissen leider manche von »denen da oben« durchaus noch, wozu die Masse gut ist.)

»Im Einklang mit der Natur« leben zu wollen, führt nur dazu, dass ich nicht herausfinde, wer ich bin und wozu ich gut sein soll. Ich verliere mich und gewinne nichts. »Die Natur« ist anonym und unpersönlich; sie kennt keine menschlichen Werte wie Nächstenliebe und weiß nicht, dass wir nach Sinn fragen.

»Im Einklang mit dem Willen des Schöpfers« leben zu wollen, führt mich dagegen zur Begegnung mit einer lebendigen, individuellen Person. In dieser Begegnung lerne ich auch mich selbst kennen und erfahre, wie wertvoll und sinnvoll ich bin. Den Sinn setze ich mir nicht selbst; denn ich bin nur Geschöpf. Ich habe mir nicht selbst ausgedacht, dass es Menschen und mich als Individuum geben soll und wozu. Aber mein Schöpfer und Retter sagt es mir. Wieso »Retter«? Weil wir alle den Kontakt mit ihm und damit den geschenkten Lebenssinn verloren hatten. Die Begründung, Kazuo Ishiguro den Nobelpreis für Literatur 2017 zu verleihen, enthielt den Satz »... der in Romanen von starker emotionaler Wirkung den Abgrund in unserer vermeintlichen Verbundenheit mit der Welt aufgedeckt hat«.[37] Gott will uns nicht in diesem Zustand belassen, sondern ist auf uns zugekommen: in Person und mit einer Botschaft.

Francis Schaeffer hat die negativen Konsequenzen einer Philosophie oder Religion herausgestellt, in der naturgegebene und moralische Unterschiede ignoriert oder wegdiskutiert werden. In seinem Buch »Pol-

37 https://www.nobelprize.org/prizes/literature/2017/7882-kazuo-ishiguro-2017-3/ (zuletzt aufgerufen am 10. 07. 2023).

lution and the death of man« (auf Deutsch so viel wie »Umweltverschmutzung und der Tod des Menschen«) schreibt er: »Wer die Antwort des Pantheismus vorschlägt, missachtet diese Tatsache: Weit davon entfernt, die Natur zu menschlicher Höhe zu erheben, stößt der Pantheismus zwangsläufig Mensch und Natur in einen Morast. Wenn man keine Kategorien [im Denken, in der Praxis und in der Moral] hat, so gibt es irgendwann keinen Grund mehr, schlechte Natur von guter Natur zu unterscheiden. Der Pantheismus lässt uns in Sachen der Moral schließlich mit dem Ausspruch des Marquis de Sade stehen: ›Was ist, ist richtig‹, und der Mensch gilt nicht mehr als das Gras.«[38]

»Alles Fleisch [und somit auch das menschliche Leben] ist wie Gras«,[39] sagt die Bibel. Also doch alles gleich? Kein Unterschied zwischen Gras und Grieche, zwischen Ameise und Amerikaner? Spätestens die Fortsetzung des Zitates zeigt, dass es sich hier um einen Vergleich und nicht um eine unrealistische Gleichsetzung handelt: »… und all seine Herrlichkeit [ist] wie des Grases Blume. Das Gras ist verdorrt, und die Blume ist abgefallen; das Wort des Herrn aber bleibt in Ewigkeit. Dies aber ist das Wort, das euch verkündigt worden ist.«[40] Natürlich sind

38 Francis Schaeffer, *Pollution and the death of man*, in: *The Complete Works*, Wheaton: Crossway, 1996, Bd. 5, S. 19. Übersetzung und Ergänzung in eckigen Klammern von Peter Imming.

39 1. Petrus 1,24a.

40 1. Petrus 1,24b-25.

»wir« alle Geschöpfe: das Gras, die Ameisen, die Wolken, die Menschen. Insofern sind alle Geschöpfe gleich, nämlich schön, genial, endlich und geschaffen, im Unterschied zu dem Schöpfer, der uns alle geplant und gemacht hat. Allerdings hat er im Unterschied zu anderen Geschöpfen uns Menschen persönlich eine Botschaft überbracht, die uns rettet. Seine Botschaft gibt uns Beständigkeit, Leben und Wegweisung. Die Wegweisung umfasst auch, wie wir uns zur Natur stellen und in ihr verhalten sollen: als Verwalter und Bewahrer. Er warnt uns davor, die Natur für wichtiger zu halten als den, der sie geschaffen hat. Der Apostel Paulus warnt jene, »die die Wahrheit Gottes mit der Lüge vertauscht und dem Geschöpf Verehrung und Dienst dargebracht haben anstatt dem Schöpfer, der gepriesen ist in Ewigkeit«.[41]

41 Römer 1,25.

Kapitel 9

Die Erste und andere (Um-)Welten

Wenn die ganze Welt ein Dorf wäre, würden wir hautnah feststellen, wie ungleich es den Bewohnern dieses Dorfes geht. So müssen wir uns auf Zahlenvergleiche beschränken. Doch sie sind eindrucksvoll genug. Die Folgen des Konsumwahns sind wohlbekannt. Der westliche Lebensstil taugt nicht als Vorbild für die Mehrheit der Weltbevölkerung. Ein Vergleich von nichtexistenten notwendigen mit existierenden bedenklichen Ausgaben ist besonders lehrreich. Im Jahr 2022 wurden erstmals mehr als 2 Billionen US-Dollar für Rüstung ausgegeben.[42] Allein in Europa beträgt der Umsatz im Segment Zigaretten im Jahr 2023 etwa 214 Milliarden Euro.[43] Nun der Vergleich: Um allen Menschen Zugang zu sauberem Wasser und sanitären Einrichtungen zu ermöglichen, werden etwa 114 Milliarden US-Dollar benötigt,[44] also knapp 6 % der weltweiten Rüstungsausgaben oder gut

---

42 https://www.sipri.org/media/press-release/2022/world-military-expenditure-passes-2-trillion-first-time (zuletzt aufgerufen am 10. 07. 2023); https://de.statista.com/statistik/daten/studie/157935/umfrage/laender-mit-den-hoechsten-militaerausgaben/ (zuletzt aufgerufen am 10. 07. 2023).

43 https://de.statista.com/outlook/cmo/tabakwaren/zigaretten/europa (zuletzt aufgerufen am 10. 07. 2023).

44 https://unesdoc.unesco.org/ark:/48223/pf0000376751, S. 4; 2021 (zuletzt aufgerufen am 10. 07. 2023).

50 % des europäischen Zigarettenumsatzes. Die Rüstungsausgaben haben nicht nur reiche Länder zu verantworten. Skrupellose, machtgierige Eliten armer Staaten kaufen oft lieber Kalaschnikows und Kampfhubschrauber als Wasseraufbereitungsanlagen und Kanalisationsrohre.

Natürlich ist das Problem von Armut und Reichtum viel komplexer, als diese wenigen Zahlen zeigen. Doch bleibt die bittere Einsicht, dass wir Menschen sehr viel mehr Energie und Intelligenz auf die Entwicklung und Verwendung von Waffen und für überflüssigen Genuss verwenden als für das Nötigste, was unser Mitmensch braucht. Die größte Verantwortung haben sicherlich die Bürger der reichen, demokratischen Staaten. Wir wollen daher keine Ausflüchte suchen und auch nicht die Augen genervt nach anderswohin verdrehen.

Lassen Sie uns gemeinsam den folgenden Text lesen. Es geht um uns:

»Wohlan nun, ihr Reichen …«

Das sind wir. Im weltweiten Vergleich sind wir reich. Vielleicht nicht innerhalb Deutschlands. Und natürlich gibt es auch in armen Ländern normalerweise eine Clique Superreicher. Aber ein »durchschnittlicher« Deutscher ist eindeutig ein Reicher dieser Welt.

»Wohlan nun, ihr Reichen, weint und heult über euer Elend, das über euch kommt! Euer Reichtum ist verfault, und eure Kleider sind von Motten zerfressen worden. Euer Gold und Silber ist verrostet, und ihr

Rost wird zum Zeugnis sein gegen euch und wird euer Fleisch fressen wie Feuer; ihr habt Schätze gesammelt in den letzten Tagen. Siehe, der Lohn der Arbeiter, die eure Felder abgemäht haben, der von euch vorenthalten worden ist, schreit, und das Geschrei der Schnitter ist zu den Ohren des Herrn Zebaoth gekommen. Ihr habt in Üppigkeit gelebt auf der Erde und geschwelgt; ihr habt eure Herzen gepflegt wie an einem Schlachttag. Ihr habt verurteilt, ihr habt getötet den Gerechten; er widersteht euch nicht.«[45]

Das schrieb Jakobus, ein Freund und Nachfolger von Jesus, im 5. Kapitel seines Briefes, den man im Neuen Testament im Zusammenhang nachlesen kann.

Unser Reichtum verfault. Die Sachen, die wir gut fanden, die uns nützlich und wertvoll waren, die werden uns zu Problemen und gehen dabei kaputt. Dafür gibt es unzählige Beispiele. Zwei sollen als Illustration genügen.

Erste Illustration: Arbeitslöhne und -bedingungen. In den 1970er-Jahren war Chemiefaserkleidung der Hit. Pflegeleicht, bügelfrei usw. Später wurde man gesundheitsbewusster und begann, lieber Baumwolle zu tragen. Das trägt sich angenehmer und man schwitzt nicht so stark. Baumwollsachen halten zwar nicht so lange, aber man kann sich inzwischen ja öfter mal etwas Neues leisten. Die Modetrends werden ohnehin industriebefohlen schneller gewechselt, und

45 Jakobus 5,1-6.

wer will da immer zurückstehen und aussehen wie von gestern. Außerdem gibt es die schönen Baumwollsachen ziemlich preiswert, und Baumwolle ist ein Naturprodukt, keine Chemie, da tut man noch etwas Gutes für die Umwelt …

Aber halt! Wieso ist die Kleidung, die die meisten von uns normalerweise kaufen, eigentlich so billig? Und wessen Umwelt wird eigentlich geschont, wenn ich keine Chemiefaser kaufe?

In Deutschland wächst Baumwolle bekanntlich nicht. Zu kalt bei uns. Und Baumwollkleidung wächst nicht fertig auf Bäumen, sondern zuerst muss der Baumwollstrauch angepflanzt werden und seine Samenhaare müssen geerntet und verarbeitet werden. Werden die Leute, die das machen, so bezahlt, wie ich bezahlt werden möchte, wenn ich ihre Arbeit machen würde? Sie werden es nicht. Und auch ihre Umwelt, die Umwelt der armen Arbeiter für reiche Konsummenschen, wird nicht geschont.

Eines der drastischsten Beispiele, die durch die Presse gingen, ohne dass sich etwas geändert hat: der irreparable Schaden, der durch die Erdölförderung in Nigeria angerichtet wurde. Alle, die dort wohnen, und ihre Umwelt sind meinem und Ihrem Wunsch nach billiger, sauberer Energie geopfert worden. Die Förderung deutscher Kohle wäre uns zu teuer und gäbe mehr Gestank in unseren Nasen. Man spricht oft davon, künftigen Generationen eine lebenswerte Welt zurücklassen zu wollen. Ein guter und richtiger Gedanke. Aber leider Heuchelei. Denn was ist mit der *jetzigen* Generation? Es gibt *jetzt* Arbeit unter unmenschlichen Bedingungen, damit wir Saubermänner der »Ersten Welt« uns alles leisten können, was das Herz begehrt, aber bitte freundlich zur deutschen Umwelt und billig.

Wir haben Schuld auf uns geladen. Wiedergutmachung ist meist nicht mehr möglich, weil Umwelt unwiderruflich kaputt ist, weil Menschen ein Leben als Sklavenarbeiter der reichen Welt führen mussten. Diese Menschen sind schon kaputt oder gehen kaputt, während Sie diese Zeilen lesen. Wiedergutmachung unmöglich. Auf unserem Schuldkonto reichliche Soll-Buchungen. Wer bringt mein und Ihr Konto wieder in Ordnung? Woher bekommen wir Vergebung für unsere große Schuld? Woher Vergebung dafür, dass wir uns dann auch noch mit frommen Sprüchen herausreden wollen? Mit Absichtserklärungen, aus denen nie etwas wird? Dass wir uns scheinheilig damit brüsten, Sachen zu spenden – dann aber einfach nur solche abgeben, die wir nicht mehr haben wollen?

»Weil im Westen immer größere Mengen an Billigkleidung auf den Markt geworfen werden, wachsen in Afrika vielerorts die Abfallberge«, so schrieben viele Nachrichtenmagazine im Frühjahr 2022.[46] Wollen wir unseren Abfall als barmherzige Spende ausgeben? Was ich hier schreibe, gilt für Sie und mich,

---

46 Zum Beispiel https://www.welt.de/wirtschaft/article238323843/Kleiderspende-Billige-Kleidung-aus-Europa-wird-zum-Problem-fuer-Afrika.html (zuletzt aufgerufen am 10.07.2023).

für Christen und Nicht-Christen in der »Ersten Welt«. Gott hat den Schrei der Arbeiter, die unsere Felder geschnitten haben, gehört …

Zweite Illustration: die Herstellung antibakterieller Arzneistoffe für europäische Staaten. Inzwischen werden sie fast ausschließlich außerhalb Europas hergestellt, vor allem in Indien, China und auch Bangladesch. Um beispielsweise Cephalosporine herzustellen, die aus der antibakteriellen Therapie nicht mehr wegzudenken sind, müssen viele Ausgangsmaterialien zur Verfügung stehen, die wiederum eigene Produktionsprozesse und -anlagen benötigen. Nur ein Detail, aber nicht vernachlässigbar: Unter anderem wird tonnenweise Fisch- und Fleischmehl benötigt, um den Schimmelpilz zu ziehen, der die Grundstruktur der Cephalosporine herstellt. Hier wird ein Entscheidungsdilemma sichtbar, das sich oft findet: Verwendet man Protein (Eiweiß) – aus welcher Quelle auch immer – als Lebensmittel oder zur Herstellung von Arzneimitteln?

Ein weiterer wichtiger Aspekt bei der Herstellung antibakterieller Arzneistoffe: Wenn nicht kostenaufwendig dafür gesorgt wird, dass der Arzneistoff nahe der Produktionsanlagen nicht austritt, dann riskiert man die Entstehung resistenter Bakterien. Wenn solche »Superbugs« in Menschen gelangen, sind die Aussichten auf Heilung schlecht.

Man könnte noch viel mehr dazu schreiben, aber die vorstehenden Sätze zeigen hoffentlich auch an diesem Beispiel, dass mit bloßen Absichtsbekundungen oder vereinzelten Maßnahmen komplexe Umwelt- und Ressourcenprobleme nicht lösbar sind, sondern verschlimmert werden, wenn die isolierten Aktivitäten einfach nur zu neuen Problemen führen. Ideologie, Propaganda und Gewissensberuhigungen taugen nichts.

Kapitel 10

»No Acts of God« oder: *Wer ist schuld?*

Die Überschrift dieses Kapitels bezieht sich auf zwei Zitate, die infrage stellen, ob Gott etwas mit Umweltproblemen zu tun hat. Der atheistische Philosoph Odo Marquard schrieb in einem Essay: »Den Schluss von der Güte Gottes auf seine Nichtexistenz zieht unmittelbar nach 1755 die moderne Geschichtsphilosophie, indem sie statt Gott den Menschen als Schöpfer ausruft … Man sprach Gott frei wegen der erwiesensten aller Unschuld, wegen Nichtexistenz.«[47] Am 1. November 1755 ereignete sich ein Erdbeben mit nachfolgendem Tsunami, Feuersbrünsten und Plünderungen, die die damals reichste Stadt Europas, Lissabon, zerstörten. Dabei brach auch die naive Vorstellung eines Gottes zusammen, der seiner lieben Christenheit nur Gutes zukommen lässt. Odo Marquard und andere verorten hier den Anfang des Glaubens, Gott habe an Naturkatastrophen keine Schuld – weil es ihn ja gar nicht gibt.

Noch weiter ging 2006 Donald Kennedy, damals Chefredakteur der berühmten und einflussreichen Wissenschaftszeitschrift *Science*. In einem Leitartikel

47 Odo Marquard, *Der angeklagte und der entlastete Mensch in der Philosophie des 18. Jahrhunderts*, in: *Abschied vom Prinzipiellen*, Stuttgart: Reclam, 1981, S. 48.

mit dem Titel »Acts of God?« schrieb er: »Der Schaden in New Orleans ist nicht nur kein Handeln Gottes; es sollte nicht einmal als ›Natur‹katastrophe bezeichnet werden. Diese Begriffe sind Ausreden, die wir benutzen, um uns vom Haken zu lassen.«[48] Auch diese Stellungnahme resultierte aus einer Katastrophe, die eine Stadt – New Orleans, USA – stark zerstörte. Der Hurrikan Katrina wütete im August 2005 über dem Golf von Mexiko. Kennedy ist der Ansicht, weder Gott noch Natur hätten Schuld, sondern wir Menschen. Menschenverursachte Erwärmung des Wassers und der Luft am Golf von Mexiko sowie andere Eingriffe in die Natur hätten zu dieser und vielen anderen Umweltkatastrophen geführt.

Hier soll nicht angezweifelt werden, dass menschliches Handeln solche Folgen haben kann. Die vielen Aspekte menschengemachter Umweltzerstörung und Auswege daraus sind ja das Thema dieses Büchleins. Sowohl Marquard und Kennedy als auch viele andere stellen aus nichtreligiöser Perspektive klar heraus: Wenn es keinen Gott gibt, dann ist der Mensch Angeklagter und Ankläger zugleich. Wie hält man das aus? Wie löst man dieses Dilemma? Üblicherweise, indem man die Menschen in gute und böse Menschen einteilt, unschuldige und schuldige. Odo Marquard konstatiert, dass man sich auf einer Dauerflucht vom

48 Im Original: »Not only is the New Orleans damage not an act of God; it shouldn't even be called a ›natural‹ disaster. These terms are excuses we use to let ourselves off the hook.« In: *Science*, 2006, Bd. 311, S. 303 (doi: 10.1126/science.1124889); Übersetzung durch Peter Imming.

Gewissen-haben zum Gewissen-sein befindet. Vereinfacht ausgedrückt: Irgendeiner muss für das Böse in der Welt verantwortlich sein. Gott ist nicht schuld, ich bin's nicht, dann musst Du es sein. Als »Du« kommen wahlweise Einzelpersonen oder Gruppen ins Visier.

Natürlich gibt es auch andere Umgehensweisen mit der Schuldfrage. Schlechtere: Wenn man aufgibt, verzweifelt oder panisch wird – alles keine Reaktionen, die Besserung versprechen. Was jedoch auf keinen Fall gelingt: die Frage der Schuld gar nicht zu stellen. Gedankenansätze, die so etwas wie Schuld negieren, widersprechen viel zu sehr unserem Erleben, besonders in Notsituationen. Wenn Gott geht, so bleibt doch das Böse. Besser und zielführend ist: Schuld einzugestehen und Vergebung zugesprochen zu bekommen. Jedes ethische System, das die menschliche Natur versteht, muss eine Möglichkeit und Instanz zur Vergebung enthalten. Im Rahmen der christlichen Ethik ist das zentral gegeben, daher ist diese Ethik eine mit menschlichem und göttlichem Gesicht: »Wenn wir unsere Sünden bekennen, so ist er treu und gerecht, dass er uns die Sünden vergibt und uns reinigt von aller Ungerechtigkeit«[49], und: »Der HERR [= Gott] lasse sein Angesicht über dir leuchten und sei dir gnädig!«[50]

49 1. Johannes 1,9.
50 4. Mose 6,25.

Die Tatsache von Schuld, die Möglichkeit der Umkehr und die Gnade der Vergebung werden wir brauchen, um nun konkreter über Lösungen nachzudenken – Lösungen für eine Problematik, die die Menschheitsgeschichte begleitet und daher nicht durch einige schnelle, rein technische Maßnahmen gelöst werden kann.

Kapitel 11

Lösungen – Schritt 1: Reue und Bekenntnis

Was ist zu tun? Müssen wir das drohende Ende erwarten, wie man ein unausweichliches Schicksal erwartet, gegen das man sich besser nicht wehrt? Zwingt gerade die christliche »Vision« der Zukunft die Menschen in Angst und Tatenlosigkeit? Keineswegs. Die Bibel kündigt ein Ende und einen Neuanfang in der Zukunft an. Sie erklärt, wie es dahin kommen konnte, und aus dieser Gesamtsicht macht sie konkrete Vorschläge, was in der Gegenwart sinnvollerweise zu tun ist. Der Weg zu einem erfüllten, angstfreien Leben in Gegenwart und Zukunft kann in zwei Schritten erreicht werden, die in den folgenden Kapiteln knapp und grundsätzlich geschildert werden.

Bevor wir an der Umwelt und unserem Umgang mit ihr arbeiten, müssen wir einen notwendigen ersten Schritt tun. Ein solcher erster Schritt ist immer notwendig, wenn es nicht nur um die Reparatur einer Sache, sondern um Beziehungen geht: Schuld, Vertrauen, echtes Miteinander, Fragen, Zuhören, Harmonie, Liebe. Diese Dimensionen von Beziehungen tragen wir Menschen in uns. Sie machen unser Leben lebenswert, sie geben uns Würde und Verantwortung.

In den vorangegangenen Kapiteln wurde hoffentlich deutlich, dass es diese Dimensionen des Lebens sind, die ich in die Umwelt- und Klimaproblematik einbringen möchte.

Die Menschheit kann mit einer Welt, die von Ausbeutung und Zerstörung geprägt ist, und mit einer Bilanz von Milliarden Kriegstoten und Ermordeten nicht guten Gewissens ohne individuelle Eingeständnisse von Schuld weitermachen. Wenn Einzelne sagen würden: »Ich war's doch nicht! Es waren die anderen, besonders die ganz Schlimmen!« – löst das etwa die Probleme? »Wir haben nichts davon gewusst«, ist eine Ausrede, der man in der Geschichte nach besonders tragischen Zeiten begegnet. Auch wir Heutige sehen oft weg. Auch wir wollen nicht wissen, wo wir an Mensch und Natur in unserer Zeit sündigen. Dieses Fehlverhalten schlägt teilweise als Umweltzerstörung auf uns zurück.

Bevor wir also anfangen, etwas zu »machen«, müssen wir den ersten Schritt gehen und nicht mit dem zweiten beginnen wollen. Bevor wir Verhalten ändern, müssen wir vergangenes Verhalten bereuen und bekennen. Alles, was wir jetzt tun können, wird nicht ungeschehen machen, was war und Folgen hat. Nur Reue, Bekenntnis und Vergebung geben einen echten Neuanfang.

Vor welcher Instanz dürfen wir diesen ersten Schritt gehen? Schuld ist personal. Die Erde, Pflanzen und Tiere können Reue und Bekenntnis nicht verstehen. Menschen können und sollen es. Und

Gott der Schöpfer kann und will es, wenn wir der christlichen Sicht folgen. Der Name »Jesus« ist Programm und bedeutet »Gott ist Retter«. Jesus fasste sein Lebensprogramm einmal so zusammen: »... der Sohn des Menschen [= Jesus] ist nicht gekommen, um bedient zu werden, sondern um zu dienen und sein Leben zu geben als Lösegeld für viele.«[51] Einer, dem Jesus Lebensfreude und -sinn dauerhaft schenkte, schrieb: »Wenn wir unsere Sünden bekennen, so ist er treu und gerecht, dass er uns die Sünden vergibt und uns reinigt von aller Ungerechtigkeit.«[52] Mit anderen Worten: Wenn wir unsere Sünden bereuen und sie bekennen, dann dürfen wir darauf vertrauen, dass Gott seine Zusage treu und gerecht erfüllt und uns unsere Sünden vergeben und uns von allem Bösen reinigen wird. Wem das Wort »Sünde« zu fremd und religiös vorkommt: Die wörtliche Übersetzung des griechischen Wortes, das im Neuen Testament verwendet wird, lautet »Zielverfehlung«. Wenn das Ziel droht, verfehlt zu werden, hilft nur Umkehr.

Gott möchte mit uns in einer gesunden Umwelt zusammenleben. Dafür muss er uns zunächst vergeben. Um uns vergeben zu können, muss er unsere persönliche, ernst gemeinte Reue und Umkehr sehen. Für den Schaden, den wir angerichtet haben und nicht wiedergutmachen können, ist er in der Person Jesus persönlich aufgekommen. Mit diesen Voraus-

---

51 Markus 10,45.

52 1. Johannes 1,9.

setzungen kann er uns erlösen (= grundsätzlich verändern), damit wir schließlich sogar in einer grundsätzlich neuen Schöpfung dabei sein können.

Erst nach diesem ersten Schritt sollten und können wir darangehen, uns in die Aktivitäten zur Lebenserhaltung einzubringen, ohne befürchten zu müssen, dass gerade wir/ich alles nur noch schlimmer mache/n.

Kapitel 12

Lösungen – Schritt 2: Motivierende Hoffnung; verpflichtender Auftrag

Geht die Erde einer guten, harmonischen Zukunft entgegen oder nicht? Welche Erwartung man hat – Verzweiflung oder Hoffnung –, wird Motivation und Handeln in der Gegenwart prägen. Christen erwarten eine so weit gehende Wendung zum Guten, dass sie sogar von einer »neuen Schöpfung« sprechen. Sie erwarten das aufgrund entsprechender Aussagen der Bibel. Sie erwarten nicht, dass die Erneuerung rein menschengemacht sein wird. Sie erwarten Gottes Wirken und wollen Gott dabeihaben. Sie erwarten sein Dabeisein nicht nur für die Erneuerung, sondern in der neuen Schöpfung. Schwer vorstellbar? Das zeigt vielleicht nur an, wie weit man sich von der Hoffnung auf wirklich umfassende Harmonie entfernt hat – und zugleich menschliche Motivation und Handlungsfähigkeit überschätzt.

Eine starke Hoffnung ist bessere, nachhaltigere Motivation als Angst, Verzweiflung und Panik. Letztere sind ebenfalls starke Motivationen, führen aber zu hektischen, unkoordinierten Aktionen ohne langen Atem. Wenn man dagegen weiß, von Gott das große Geschenk einer neuen Schöpfung zu bekommen, dann wird man sich erstens nicht von

Gier und Gedankenlosigkeit, sondern von Hoffnung und Dankbarkeit leiten lassen. Zweitens wird man Gott fragen, wie man die verbleibende Zeit in dieser Schöpfung sinnvoll verbringen kann. Deshalb spricht die Bibel ausführlich davon, was verantwortliches Handeln im Gefolge einer solchen Zukunftserwartung ist.

Ein Vergleich, der die Kraft des Gottvertrauens illustriert: Dietrich Bonhoeffer hatte geholfen, Juden aus Nazi-Deutschland herauszuschmuggeln. Als das aufflog, wurde er in Berlin im Gefängnis festgesetzt. Rein äußerlich war dadurch sein Leben in der Gegenwart unterbrochen und seine Zukunft ungewiss. (In der Tat wurde er 1945 kurz vor der Kapitulation noch von Nazi-Schergen ermordet.) Seine Briefe und Aufzeichnungen aus der Gefängnishaft geben Zeugnis von einem Leben aus Gott, das auch unter den widrigsten Umständen nicht erstickt werden konnte. Eine Passage aus einem Brief vom 29. 05. 1944 aus dem Berlin-Tegeler Gefängnis erklärt besser, als ich es mit meinen Worten tun könnte, die ganzheitliche Sicht eines Christen auf das Leben – auf ein Leben in der Gegenwart, das die Vergangenheit und Zukunft einbezieht. Während Bonhoeffer den Brief schrieb, fanden Bombenangriffe auf Berlin statt, auf seine schon weitgehend zerstörte Heimat:

»Ich beobachte hier immer wieder, dass es so wenige Menschen gibt, die viele Dinge gleichzeitig in sich beherbergen können; wenn Flieger kommen, sind sie nur Angst; wenn es etwas Gutes zu essen gibt, sind sie nur Gier; wenn ihnen ein Wunsch fehlschlägt, sind sie nur verzweifelt; wenn etwas gelingt, sehen sie nichts anderes mehr. Sie gehen an der Fülle des Lebens und an der Ganzheit einer eigenen Existenz vorbei; alles Objektive und Subjektive löst sich in Bruchstücke auf. Demgegenüber stellt uns das Christentum in viele verschiedene Dimensionen des Lebens zu gleicher Zeit; wir beherbergen gewissermaßen Gott und die ganze Welt in uns. Wir weinen mit den Weinenden und freuen uns mit den Fröhlichen; wir bangen (– ich wurde gerade wieder vom Alarm unterbrochen und sitze jetzt im Freien und genieße die Sonne –) um unser Leben, aber wir müssen doch zugleich Gedanken denken, die uns viel wichtiger sind als unser Leben … das Leben wird nicht in eine einzige Dimension zurückgedrängt, sondern es bleibt mehrdimensional-polyphon.«[53]

Lassen wir uns für die Herausforderungen unserer Zeit so nachhaltig motivieren und stärken, wie wir es bei Bonhoeffer sehen! Christen sehen sich in dreierlei Weise motiviert, in der jetzigen Zeit aktiv zu sein. Erstens durch Zukunftshoffnung. Zweitens durch den Auftrag von Jesus, allen Menschen von ihm selbst, dem Retter, zu erzählen. Drittens durch den Auftrag, der uns Menschen für diese Schöpfung gegeben wurde: sie zu bewahren. Dieser Auftrag findet sich in verschiedenen Zusammenhängen:

53 Dietrich Bonhoeffer, *Widerstand und Ergebung. Briefe und Aufzeichnungen aus der Haft*, München: Christian Kaiser Verlag, 1970, S. 340 (Brief vom 29.05.1944 an Eberhard Bethge).

(1) Zentral ist in der christlichen Weltanschauung das durch Jesus Erreichte. Wiederholt wird ausgeführt, dass das Handeln von Jesus sich auf die ganze Schöpfung bezieht, nicht »nur« auf Menschen. Beispiel: Durch ihn sind *alle Dinge* im Himmel *und auf der Erde* versöhnt worden, indem er »durch das Blut seines Kreuzes Frieden gemacht hat«[54]. Das ist keine Verordnung von oben, sondern eine Hoffnungsperspektive, der man sich anschließen oder verschließen kann.

(2) Das neutestamentliche Bild der Natur ist absolut realistisch, nicht beschönigend oder gleichgültig. Die Natur wird als – in der Sprache der Bibel – erlösungsbedürftig vorgestellt.[55] In fast personifizierender Ausdrucksweise wird vom Sehnen und Warten der Schöpfung gesprochen, einer Schöpfung, die wartet, frei gemacht zu werden von der Vernachlässigung, der sie sich ausgesetzt sieht, weil die Menschen ihren Schöpfungsauftrag nicht wahrnehmen. Die Befreiung der Schöpfung wird wie eine Geburt angekündigt (»Geburtswehen«[56]). Diese Befreiung wird zugleich die der Menschen sein. Mensch und Natur stehen nicht mehr beziehungslos oder gar gegeneinander da.

(3) Zahlreiche Abschnitte in der Bibel drücken Gottes unendliche Trauer darüber aus, dass seine Schöpfung durch menschliche Ausbeutung sol-

54 Kolosser 1,20.

55 Vgl. Römer 8,19-23.

56 Römer 8,22.

chen Schaden genommen hat. Einige wenige Beispiele müssen genügen: »Wie lange soll das ganze Land trauern und das Kraut des ganzen Feldes welken? Wegen der Bosheit seiner Bewohner sind Vieh und Vögel dahin ...«[57] »... die Erde ist entweiht worden unter ihren Bewohnern; denn sie haben die Gesetze übertreten, die Satzung überschritten, gebrochen den ewigen Bund.«[58] Unter Gesetzen und Satzungen dürfen wir uns auch die ökologischen Zusammenhänge vorstellen, die von Menschen ignoriert oder bewusst außer Acht gelassen werden. In der Darstellung der Bibel werden die Gesetze auf einen Gesetzgeber zurückgeführt, Gott, und nicht auf das Walten anonymer Kräfte. Auch die naturzerstörenden Folgen von Kriegen werden thematisiert, beispielsweise vom Propheten Joel im 1. Kapitel seines Buches: »... eine Nation ist über mein Land heraufgezogen, mächtig und ohne Zahl ... Sie hat meinen Weinstock zu einer Wüste gemacht und meinen Feigenbaum zerknickt ...«[59] Gott weint über die Zerstörung seiner Erde: »Über die Berge will ich ein Weinen und eine Wehklage erheben und über die Weideplätze der Steppe ein Klagelied. Denn sie sind verbrannt ...«[60]

(4) An vielen Details ist das lebensfreundliche Bild der Schöpfung in der Bibel erkennbar:

57 Jeremia 12,4.
58 Jesaja 24,5.
59 Joel 1,6-7.
60 Jeremia 9,9.

»Der Gerechte kümmert sich um das Leben seines Viehs …«[61] »Werden nicht zwei Sperlinge für einen Cent verkauft? Und doch fällt nicht *einer* von ihnen auf die Erde ohne euren Vater …«[62] »[Jesus] war vierzig Tage in der Wüste und wurde von dem Satan versucht; und er war unter den wilden Tieren [die ihn nicht angriffen – er war einfach bei ihnen], und die Engel dienten ihm.«[63] »Betrachtet die Lilien, wie sie wachsen; sie mühen sich nicht und spinnen auch nicht. Ich sage euch aber: Selbst nicht Salomo in all seiner Herrlichkeit war bekleidet wie *eine* von diesen.«[64]

(5) Die Kapitel 38 bis 41 des Buches Hiob beinhalten eine großartige Darstellung der Diversität und Genialität der Schöpfung, insbesondere der Tierwelt. Die Schöpfung ist nicht nur Kulisse oder Bühne für das Handeln Gottes mit Menschen, sondern hat Wert an und für sich. Das wird auch aus der wiederholten Aussage »Und Gott sah, dass es gut war« im Schöpfungsbericht[65] deutlich.

(6) Die bekannteste Aussage der Bibel zum Umgang mit der Schöpfung ist leider gegenüber den vielen, vorstehend in Auswahl genannten Aussagen in den Hintergrund getreten, was zu einem falschen Eindruck führte. Der Satz lautet: »Seid fruchtbar und

61 Sprüche 12,10.
62 Jesus in Matthäus 10,29.
63 Markus 1,13.
64 Jesus in Lukas 12,27.
65 Vgl. 1. Mose 1.

mehrt euch und füllt die Erde und macht sie euch untertan; und herrscht über die Fische des Meeres und über die Vögel des Himmels und über alle Tiere, die sich auf der Erde regen!«[66]

Dieser Satz ist oft missverstanden und oft missbraucht worden. Er ist von Christen missbraucht worden, um jede Art der Nutzung der Schöpfung zu rechtfertigen, auch wenn sie zu Umweltzerstörung führt. Er ist von Nichtchristen missbraucht worden, um der Bibel vorzuwerfen, sie habe zum Raubbau an der Natur geführt. Beides ist falsch. Sehen wir uns den Vers genauer an. Dabei werde ich nichts Neues schreiben – es hat immer schon auch ein besseres Verständnis dieser Anweisungen an Menschen gegeben.

(a) Menschen sollen sich vermehren und die Erde füllen. Dieselbe Aufforderung ergeht in 1. Mose 1 auch an andere Geschöpfe. Menschen können hier keine Exklusivität beanspruchen. Gott liebt es, wenn überall Leben ist. Die Lebewesen in der unbewohnbar wirkenden Tiefsee, in heißen Quellen und anderen extremen Habitaten illustrieren es.

(b) Man kann »macht sie euch untertan« als Aufforderung verstehen, sich Geschöpfe mit Gewalt zu unterwerfen inklusive Menschen, wenn man eine Machtposition hat. Jesus warnte davor: »Ihr wisst, dass die, die als Fürsten der Nationen gelten, diese beherrschen und dass ihre Großen Gewalt über sie

66 1. Mose 1,28.

ausüben. Aber so ist es nicht unter euch; sondern wer irgend unter euch groß werden will, soll euer Diener sein …«[67] Die Aufforderung zum Untertanmachen muss daher als Dienstauftrag verstanden werden, ein Dienst, der mit Verantwortung und Mühe verbunden ist. Das hebräische Verb *kabasch* (hier übersetzt als »untertan machen«) hat auch die Bedeutung »als Kulturland in Besitz nehmen«, »urbar machen«. So wird das Verb in anderen biblischen Büchern kontextualisiert, beispielsweise in 4. Mose 32,22 und Josua 18,1 (dort jeweils mit »unterjochen« übersetzt). Ebenso verleiht »herrschen« (hebräisch *radah*) Autorität, die nötig ist, aber missbraucht werden kann. Ein solcher Gebrauch wird in Hesekiel 34,4 gezeigt, wo das Wort für das Tun der Hirten einer Herde verwendet wird.

Die Menschheit hat Autorität empfangen. Das ist Fakt. Menschen sind mindestens als Gruppe (Species) mächtiger als jedes andere Geschöpf. Die Autorität kann zum Nutzen oder Schaden der gesamten Schöpfung eingesetzt werden. Es ist weder richtig noch zielführend, die Tatsache menschlicher Macht zu negieren oder zu marginalisieren. Die biblische Einordnung, dass wir uns als Verwalter aktiv um die Schöpfung kümmern sollen, gibt uns nicht freie Hand, sondern nimmt uns mit den Besonderheiten unserer Species in die Pflicht.

Wir müssen den Auftrag Gottes, verantwortungsvoll zu verwalten, »zu bauen und zu bewahren«,

---

67 Markus 10,42-43.

nicht abweisen, sondern ernst nehmen und in die Tat umsetzen.

Kapitel 13

Konkret handeln – Beispiele

Im Rahmen dieses Büchleins kann keine vollständige Zusammenstellung der vielen Möglichkeiten vorgestellt werden, so zu leben, dass das Leben auf der Erde in seinen vielen Ausprägungen und Stadien nicht gefährdet, sondern erhalten wird. Weil die meisten Menschen so leben wollen, ist es gut, sich nochmals kurz und deutlich über die Motivation klar zu werden. Sie ist zum einen intuitiv. Wer wäre nicht von der Schönheit der Erde und der Vielfalt des Lebens auf ihr tief berührt? Neben der intuitiven, emotionalen Reaktion steht die logische Begründung. Lebewesen verändern sich, ja, die ganze Erde verändert sich. Warum sollte man zu einem bestimmten Zeitpunkt diese Prozesse stoppen wollen?

Eine logische, daher tragfähige Begründung ist die Überzeugung, dass die Erde gut geschaffen wurde im Sinne der Aussage »Gott sah alles, was er gemacht hatte, und siehe, es war sehr gut.«[68] Was sehr gut ist, sollte erhalten werden. Niemand wird so unrealistisch sein, zu glauben, wir könnten jedes individuelle Leben vor dem Tod bewahren. Aber es ist unser Ziel, sowohl

68 1. Mose 1,31.

ökologische Zusammenhänge und Balancen als auch einzelne Arten und Individuen zu bewahren.

Im Folgenden sind Aktivitäten gelistet und kurz beschrieben. Es ist eine sehr kleine Auswahl, die Anregungen geben soll. Weil es so viele unterschiedliche Möglichkeiten gibt, nennen die Überschriften verschiedene allgemeine Kategorien.

(1) Großer Aufbau, der mühsame kleine Anfänge hatte
Tony Rinaudo, ein australischer Agrarwissenschaftler, erhielt 2018 den Right Livelihood Award (»Alternativer Nobelpreis«) für seine »Farmer Managed Natural Regeneration« (FMNR). Bei diesem Vorgehen wird nicht versucht, Bäume neu zu pflanzen. Meist gehen sie ein, weil sie in den Habitaten verkümmern oder von Herbivoren gefressen werden. Tony hatte stattdessen die Idee, vorhandene lebende Baumstümpfe und Baumwurzeln – er nannte das »unterirdischen Wald« – durch Ausschneiden der stärksten Sprosse hochzuziehen. Ein wesentlicher Aspekt bestand darin, die Menschen vor Ort zu überzeugen, die Sprosse nicht sehr bald abzuschneiden, weil sie Feuerholz benötigen. Rinaudos Motivation: Menschen eine lebenserhaltende Umgebung wiedergeben, Gottes Schöpfung wiederherstellen. Sein konkretes Ziel: Durch Wiederaufforstung aus Wüste und Steppe Land wiedergewinnen, das Lebensgrundlage für Menschen, Tiere und Pflanzen ist. Der Anfang fand in Niger (Westafrika) statt; es dauerte viele Jahre, bis er Anfang der 1980er-Jahre die Methode

fand und umsetzen konnte, die zum Erfolg führte. Der Erfolg: Schon 2018 waren 6 Millionen Hektar wiederaufgeforstet; seitdem wird das Verfahren auch in anderen Weltteilen eingesetzt. Der Grund seiner Erfolge: »Für mich war das eine sehr greifbare Antwort auf Gebet«, sagte er.[69] Seine Arbeit ist im Film »Der Waldmacher« (2022) von Volker Schlöndorff ausführlich dokumentiert.[70]

(2) Kleiner Verzicht – aber wenn viele mitmachen, wird es einen großen Effekt haben

Die öffentliche Aufmerksamkeit wird stark auf den verantwortlichen Umgang mit Energieressourcen gelenkt. Das ist natürlich sinnvoll. Weniger oft, weil vielleicht weniger beliebt, wird der Umgang mit elektronischen Geräten und mit Akkus für diese Geräte angesprochen. Für diese Geräte wird unter anderem das Metall Tantal benötigt. Es kommt nur selten in Mengen vor, die eine Gewinnung ermöglichen. Hauptvorkommen finden sich in Form des Minerals Coltan in der Demokratischen Republik Kongo. Im Kapitel 14 weist auch der Umwelttechnologe Joël Schrumpf, der dort lebt und arbeitet, auf die Problematik hin. Zwar besteht ein Mobiltelefon

69 Im Original: »For me it was a very real answer to prayer« (Übersetzung durch den Autor); https://www.sightmagazine.com.au/features/10483-turning-deserts-into-farmland-how-an-australian-agronomist-has-employed-an-ancient-farming-practice-to-change-the-lives-of-millions (zuletzt aufgerufen am 10. 07. 2023).

70 https://www.dw.com/de/schl%C3%B6ndorff-film-waldmacher-tony-rinaudo-afrika/a-61331699 (zuletzt aufgerufen am 10. 07. 2023).

nur aus unter 0,1 Gewichtsprozent Tantal. Tantal lässt sich aber nicht durch ein anderes Metall ersetzen. Die Gewinnung findet oft unter Bedingungen statt, die Menschen und Umwelt dauerhaft schädigen. Wir sollten also möglichst selten Geräte kaufen, die dieses Metall benötigen. Wenn wir unser Laptop oder Mobiltelefon doppelt so lange nutzen wie bisher, haben wir einen kleinen Beitrag geleistet. Da die Gewinne nur in (zu) kleinem Maße an die Coltan abbauenden Menschen gehen, kann man hoffen, dass sie die Auswirkungen unseres reduzierten Verbrauchs nicht zu stark betreffen. Freilich muss gleichzeitig politisch daran gearbeitet werden, ordentliche Löhne vor Ort zu zahlen. Auch eine Verarbeitung des Rohminerals, die weiter geht als bisher, würde verhindern, dass die Wertschöpfung weit vom Vorkommen der Mineralien entfernt stattfindet.

(3) In der wissenschaftlichen Forschung

Dass Nashörner so gut wie ausgestorben sind, ist allgemein bekannt. Weniger bekannt ist, dass auch manche traditionell verwendete afrikanische Arzneipflanzen sehr selten geworden sind. Was kann man da tun? Ein von mir geleitetes Forschungsprojekt fokussierte auf antiinfektive Pflanzen dreier afrikanischer Staaten. Neben der Erstellung von Übersichten, welche Pflanzen auf welche Weise gegen welche Infektionen verwendet werden, untersuchten wir im Labor, ob wir die Verwendung bestätigen konnten oder nicht. Im Ergebnis konnten wir empfehlen, Pflanzen sozusagen in Ruhe zu lassen, weil sie die behauptete Wirkung nicht aufwiesen, oder empfehlen, sie anzubauen. Beides schont natürliche Vorkommen. Das Projekt hieß *Trisustain* – *Tri* (= drei) wegen der drei Nachhaltigkeitsziele, die eng verwoben sind: ökologische, ökonomische und therapeutische Nachhaltigkeit. Keins funktioniert ohne die anderen. Ein viertes Nachhaltigkeitsziel bestand in der Aus- und Weiterbildung junger afrikanischer Wissenschaftler. Details zu diesem Projekt und den Ergebnissen sind hier zu finden: https://trisustain.uni-halle.de/

(4) Es ist immer komplex.
»Jede dritte Valentinstag-Rose stammt aus Kenia. Blumen gehören neben Tourismus und Tee zu den wichtigsten Wirtschaftsgütern des Entwicklungslandes. Sie ernähren eine halbe Million Menschen – und gefährden ein einzigartiges Ökosystem.« So schrieb die Frankfurter Allgemeine Zeitung am 13. 02. 2010.[71] Der Anbau von Schnittblumen in Kenia und auch Äthiopien sorgt ein wenig für Arbeitsplätze und Einkommen vor Ort. Ist das ökonomisch und ökologisch sinnvoll? Die »Rechnung« ist komplex. Folgende Aspekte gehen in sie ein, ohne dass hier versucht werden soll, zu entscheiden, ob der Anbau gut ist: (1) Arbeitsplätze und Einkommen entstehen vor Ort. (2) Der Gewinn geht zum größten

71 https://www.faz.net/aktuell/wirtschaft/rosen-aus-kenia-ostafrikas-gefaehrliche-blueten-1939203.html (zuletzt aufgerufen am 10. 07. 2023).

Teil nicht in die Erzeugergegend, nicht einmal ins Erzeugerland. (3) Der Anbau benötigt sehr viel Wasser, das für andere Zwecke in diesen wasserarmen Gegenden dann nicht mehr zur Verfügung steht. (4) Die Fläche ist nicht mehr zum Anbau von Nahrungspflanzen verfügbar. (5) Infrastruktur – Straßen – wurden gebaut, um die Schnittblumen in den Handel zu bringen. (6) Die Schnittblumen sollen frisch sein und werden daher auf den Straßen zu Flughäfen gebracht, damit sie schnell in Europa sind. (7) In der Nähe der äthiopischen Hauptstadt Addis Abeba werden seit vielen Jahren Schnittblumen in großflächigen Gewächshäusern angebaut. Um Platz dafür zu gewinnen, wurden Waldflächen abgeholzt. Menschen, die dort leben, machen das für die ausbleibenden Regenfälle verantwortlich; allerdings wird auch abgeholzt, um für die stark zunehmende Bevölkerung Brennmaterial zu haben.

Ein komplexes Dilemma. Weil die Zweischneidigkeit des Schnittblumenanbaus fern von Europa bekannt wurde, gingen manche Handelsketten dazu über, Fairtrade-Werbung auf die Plastikumhüllung der Sträuße zu schreiben: »Mit dem Kauf der Fairtrade-Rosen setzen Sie nicht nur ein Zeichen der Liebe, sondern tragen gleichzeitig zur Verbesserung der Arbeits- und Lebensbedingungen in den Anbaugebieten bei. So fair … und am Ende gewinnen alle.«[72]

72 Text auf einer Umverpackungsfolie von Schnittblumen, die im Februar 2023 in einem Lebensmittelladen gekauft wurden.

Sieht man die Bedingungen vor Ort inklusive des Wasserverbrauches und nimmt den Transportaufwand ins Kalkül, dann klingt die Behauptung wie Hohn, am Ende würden *alle* gewinnen.

Was kann man tun? Statt die Blumen zu kaufen, eine nachhaltige Unterstützung an die Menschen in den Erzeugerländern zu senden – siehe dazu den nächsten Punkt.

(5) Menschen direkt fördern

Sehr sinnvoll ist es, Partnerschaften für Kinder und Jugendliche zu übernehmen, damit sie (Schul-)Bildung erhalten. Die Wertschöpfung natürlich vorkommender Rohstoffe – ihre Veredlung – findet oft weit vom Vorkommen oder Anbau der Rohstoffe statt. Wenn die Erzeugerländer relativ arm sind, fehlt es normalerweise auch an Menschen mit der Bildung und Ausbildung, die Rohstoffveredlung durchzuführen, da sie Maschinen und Prozesse beinhaltet, die Fachwissen und -erfahrung benötigen. Als Menschen in reicheren Ländern haben wir das Potenzial, Kindern und jungen Menschen Bildung (teil-)zu finanzieren. Idealerweise geschieht das durch Unterstützung mit einheimischen Partnern vor Ort im Zielland, die man kennt. Es erfordert etwas Mühe, diese Partner zu finden und kennenzulernen und zu verstehen, was wirklich benötigt wird. Man will ja Hilfe zur Selbsthilfe leisten und nicht ein Almosen geben. Damit fördert man das Leben eines Menschen. Das lohnt sich auch für die Unterstützer!

(6) Der Inhalt des Kapitels 14 – von Joël Schrumpf, Umweltberater im Osten der Demokratischen Republik Kongo

Kapitel 14

Konkret handeln: Wie stehst Du zu Deiner Umwelt? Brauchst Du sie oder zerstörst Du sie?

Von Joël Schrumpf, Entwicklungshelfer und Umweltberater in der DR Kongo, Afrika

Joël stammt aus Frankreich und hat einen Master in Umweltmanagement der Christian-Albrechts-Universität Kiel. Seit 2020 lebt er in der Demokratischen Republik Kongo und arbeitet im Bereich »Umweltmanagement« der Université Shalom de Bunia. Dort ist er Mitglied der Fakultät für Umweltwissenschaften.

Bunia ist eine Stadt im Osten des Kongo. Der Ost-Kongo ist öfter in den Schlagzeilen. Das liegt am Auftreten des Ebola-Virus und an bewaffneten Konflikten, die wegen der Vorkommen von Gold und anderer, noch wichtigerer Materialien herrschen. Etwa 600 Kilometer südlich von Bunia sind die Rubaya-Minen gelegen, wo unter menschen- und umweltverachtenden Bedingungen unter anderem Coltan gewonnen wird. Der erbitterte Kampf um die Rohstoffe führt zu Korruption, Vetternwirtschaft und äußerer Einflussnahme, welche die gewaltsame Ausbeutung von Mensch und Natur bedingen.

Joël schrieb für dieses Büchlein einen sehr persönlichen Aufruf, der vor dem Hintergrund seiner Erfahrungen und Bemühungen im Ost-Kongo zu lesen ist.

Wer könnte heute ohne Smartphone leben? Ist das überhaupt möglich? Oder im Ernst: Hast Du schon darüber nachgedacht, wie viel Zeit Du an Deinem Handy verbringst? Was hat das alles mit Umweltschutz zu tun? Gibt es überhaupt einen Zusammenhang? Um eine Antwort auf diese Frage zu finden, möchte ich Dich auf eine Reise nach Afrika mitnehmen – und zwar in die Demokratische Republik Kongo, wo ich zurzeit als Umweltberater an der Shalom-Universität zu Bunia, einer christlichen Universität, arbeite.

Das Erste, was Du hier bemerken wirst, ist der Staub und der Lärm. Klingt super, oder? Aber auf den zweiten Blick – oder einfach, wenn Du auf eine Weltkarte schaust – wirst Du merken, dass dieses Land sehr viele Ressourcen enthält: Wälder, Wasser, Mineralien usw. Und doch gibt es hier ein Paradox: Das Land, das so reich sein sollte, ist voller Armut, und nur ein sehr geringer Teil der Bevölkerung profitiert von den wertvollen Ressourcen.

Lass uns weiter durch den Osten des Landes reisen. In diesem Teil befinden sich unheimlich viele und diverse Mineralien, darunter Coltan. Col…was? Coltan. Wahrscheinlich hast Du noch nie davon gehört, aber dieses Mineral befindet sich auf diesem Planeten hauptsächlich in der Demokratischen Republik Kongo – und man benötigt es für die Herstellung von Smartphones! Also versuchen alle Weltmächte, sich diese wertvolle Ressource zu sichern. Und dazu sind alle Mittel erlaubt … Wenn wir jetzt praktisch zu solch einer Mine gehen, wirst Du darüber staunen, unter welchen Bedingungen die Menschen dort arbeiten.

Was hat das alles mit Dir zu tun? Jedes Mal, wenn Du ein neues Handy kaufst, wurden verschiedene Mineralien genutzt. Menschen haben ihr Leben dafür aufs Spiel gesetzt und Naturressourcen wurden in Mengen zerstört, ohne dass Du Dir dessen bewusst bist! Mein Ziel hier ist nicht, Dich zu beschuldigen oder Dir zu sagen, kein Handy mehr zu benutzen, sondern es geht mir darum, dass Du begreifst, wie jede Deiner Entscheidungen bestimmte Konsequenzen auf unsere Umwelt hat und wie nötig es ist, dass Du Dir darüber bewusst wirst und Dich selbst für den Schutz der wunderschönen Schöpfung Gottes engagierst.

Lass uns unsere Reise fortsetzen, und zwar in eine Großstadt gehen, in der über eine Million Menschen leben. Schließe Deine Augen und stelle Dir vor, Du bist unterwegs und machst einen Spaziergang an der »frischen« Luft. Die Sonne brennt auf Deinen Kopf, es fahren Motorräder in alle Richtungen um Dich herum, Du atmest jede Minute eine Menge an Staub ein, und nicht zuletzt gibt es diesen unangenehmen Geruch von Müll. Entweder von Müll, der gerade an den Straßenrand geschüttet wurde, oder von Müll, der gerade verbrannt wird. Du hast es jetzt bestimmt verstanden. Müllmanagement ist in Afrika sowohl in Dörfern als auch in Großstädten eine Umweltkatastrophe. Doch die Menschen leben weiter, und es scheint sie nicht zu stören, es gibt so viel schlimmere Probleme im Land … Doch Gott hat uns erschaffen, damit wir die Umwelt bewahren, oder?

Die Frage ist: Wie wirst Du reagieren? Wirst Du weinen, meckern, schreien? Oder wirst Du endlich Deine Verantwortung in die Hand nehmen und Dich fragen, wie Du ein Unterschied für Deine Umwelt sein kannst? Denn die Wahrheit lautet: Du kannst etwas tun und somit ein Zeugnis für Deine Mitmenschen sein! Ich meine jetzt nicht, Dich politisch zu engagieren oder auf die Straßen zu gehen und zu protestieren – sondern einfach zu Hause, in Deiner Schule, auf Deiner Arbeitsstelle oder wo auch immer Du Zeit verbringst, kannst Du als umweltbewusste Person leben.

Um ehrlich zu sein, war ich am Anfang ziemlich pessimistisch, doch Gott hat zu mir durch diese quasi unmögliche Situation geredet und er hat mir neue Hoffnung geschenkt. Ich habe verstanden, dass Müll auch eine Metapher für unser Leben sein kann. Bevor ich Christus kannte, war ich auch wie so ein Stück Müll, unnütz, wertlos, und – wie die Bibel sagt – ganz einfach tot. Doch Gott hat mich wieder zum Leben gebracht und mir einen Sinn und einen Wert geschenkt. Er hat mich sozusagen recycelt!

Er hat etwas Nutzloses in etwas neues Wertvolles verändert!

Zum Schluss möchte ich Dir ein paar praktische Beispiele geben, die Du konkret in Deinem Alltag umsetzen kannst.

Schütze Dein Wasser

Wusstest Du, dass Dein Körper zu 70 % aus Wasser besteht und dass Du deshalb regelmäßig Wasser trinken musst? Wasser ist überall auf der Erde vorhanden. Aber dieses Wasser ist vor allem salzig und nicht zum Trinken geeignet. Es sind nur weniger als 1 % der Erde mit Süßwasser wie Seen und Flüssen bedeckt. Daher müssen wir unser Wasser schützen. Manchmal kann die Wasserverschmutzung natürlich sein und durch Vulkane, überschüssige Algen, Tierabfälle und Überschwemmungen verursacht werden. Doch eigentlich sind wir Menschen zum großen Teil dafür verantwortlich. So fließen manchmal Schadstoffe direkt aus einer Fabrik ins Wasser. Hier in Afrika ist eine weitere Quelle die Durchführung von häuslichen Aktivitäten, wie zum Beispiel Geschirrspülen oder Wäschewaschen, die Toilette in der Nähe des Wassers zu benutzen oder sogar seinen Müll in der Nähe oder direkt im Wasser zu entsorgen. Sei Dir dessen bewusst, wenn Du irgendwo campen gehst oder eine Bootsfahrt machst. Wasser ist wertvoll!

Was kannst Du also praktisch tun, um diese wichtige Ressource zu schützen? Achte in erster Linie darauf, kein Wasser zu verschwenden! Besonders im Badezimmer. Zweitens: Wirf niemals Deinen Müll ins Wasser! Nicht zuletzt reduziere Deine Nutzung von Plastiktüten, die oft irgendwo im Meer landen!

Reinige Deine Luft

Wenn Du schmutzige Hände hast, ist es einfach, sie mit Wasser und Seife zu waschen. Wenn die Luft jedoch schmutzig wird, ist sie nicht mehr so leicht zu reinigen. Luftverschmutzung besteht aus Gasen, Staub, Partikeln und Rauch, die die Luft schmutzig machen. Und das Problem ist, dass diese Elemente mit dem Wind von einem Ort zum anderen wandern und sich über viele Kilometer verbreiten können.

Luftverschmutzung kann vom Menschen verursacht werden oder auf natürliche Weise entstehen. Natürliche Luftverschmutzung kann beispielsweise durch Vulkane, Waldbrände oder Windstürme entstehen. Vom Menschen verursachte Luftverschmutzung kann von Fabriken ausgehen, die Rauch und Abgase in die Atmosphäre blasen. Sie kann vom Straßenverkehr stammen, der Treibstoffe verbraucht, oder von der Landwirtschaft, die Chemikalien einsetzt, um Insekten zu töten.

Aber auch zu Hause sind wir dafür verantwortlich, indem wir Holz und andere Brennstoffe in unserem Alltag verbrauchen. Diese Verschmutzung ist zum großen Teil für den Klimawandel verantwortlich, den wir seit einigen Jahren beobachten und der die Jahreszeiten durcheinanderbringt, das Eis schmelzen lässt, den Meeresspiegel ansteigen lässt und Tiere und Pflanzen bedroht.

Weiterhin lassen sich Auswirkungen auf unsere Gesundheit beobachten. Dazu gehören Atemprobleme, Reizungen der Augen, der Nase oder des Halses oder Kopfschmerzen. Und langfristig kann die Luftverschmutzung die Entstehung von Lungenkrebs oder Herzerkrankungen fördern.

Was kannst Du also praktisch tun, um diese wertvolle Luft sauber zu halten? Vermeide es erstens, zu viele umweltschädliche Fahrzeuge wie Motorräder oder Autos zu benutzen. Stattdessen solltest Du zu Fuß gehen, mit dem Fahrrad fahren und, wenn es wirklich keine andere Möglichkeit gibt, Mitfahrgemeinschaften bilden. Als Nächstes solltest Du die Verwendung von Holzkohle und anderen Brennstoffen reduzieren. Und nicht zuletzt pflanze Bäume auf Dein Grundstück, da diese eine Sauerstoffquelle sind und gleichzeitig das Kohlendioxid und andere Schadstoffe, die unsere Atmosphäre verschmutzen, absorbieren.

Verbessere Dein Müllmanagement

Abfall ist jeder Gegenstand, den wir nicht mehr brauchen und für den wir entscheiden, ihn wegzuwerfen. Bevor wir weitergehen, müssen wir den Abfall in drei Kategorien einteilen:

Die erste Kategorie sind biologisch abbaubare Abfälle, auch Grünabfälle genannt, die sich in der Natur zersetzen und schließlich in den Boden einsickern. Zu diesen Abfällen gehören Grasschnitt, Obst- und Gemüseschalen, Teebeutel und Eierschalen. Das Problem mit diesen Abfällen ist, dass sie schlechte Gerüche verbreiten und das Auftreten von Fliegen und Krankheiten begünstigen.

Die zweite Kategorie sind nicht biologisch abbaubare Abfälle, die viele Jahre brauchen, um sich in der Natur zu zersetzen. Eine Wasserflasche aus Plastik braucht zum Beispiel zwischen 100 und 1000 Jahren, um zu verschwinden, wenn man sie draußen liegen lässt. Weitere Beispiele für nicht biologisch abbaubare Abfälle sind Glasabfälle und Blechdosen.

Die dritte Kategorie von Abfällen sind sogenannte gefährliche Abfälle wie Batterien, Spraydosen für Deodorants oder auch flüssige Haushaltsprodukte. Batterien enthalten giftige Stoffe, die in den Boden gelangen können, Spraydosen können in der Sonne explodieren und giftige flüssige Produkte können das Wasser verschmutzen und die Fische im Fluss töten. Diese Abfälle sollten daher nicht in der Natur gefunden oder entsorgt werden.

Was kannst Du also praktisch tun, um Deinen Abfall besser zu entsorgen? Lerne das 3R-Prinzip und lebe es in Deinem Alltag. Das erste R steht für *Reduce* (= reduzieren). Höre also damit auf, Einweg-Plastiktüten zu verwenden. Stattdessen solltest Du Taschen oder Körbe benutzen, die man mehrmals benutzen kann. Höre auch damit auf, Plastikflaschen zu nutzen. Ersetze sie stattdessen mit einer Trinkflasche aus nachhaltigem Plastik oder Metall. In manchen Fällen ist es schwierig, Deine Abfallproduktion zu reduzieren, und hier kommt das zweite R, *Reuse* (= wiederverwenden), ins Spiel. Bevor Du also ein Stück Papier in den Müll wirfst, prüfe, ob Du die andere Seite noch nutzen kannst – und wenn nicht, nutze die Technik des Papierrollens, um neue Gegenstände herzustellen. Ein weiteres Beispiel betrifft Plastikflaschen, die Du wiederverwenden kannst, um etwas anderes wie zum Beispiel selbst gemachten Saft hineinzugießen. Ansonsten kannst Du auch kreativ werden und andere Gegenstände damit basteln. Das letzte R betrifft das *Recyceln* von Müll. Doch dazu musst Du auch lernen, Deinen Müll richtig zu sortieren.

Du brauchst die Natur zum Leben, doch die Umwelt ist bedroht, aber gemeinsam können wir handeln und das Leben auf unserem Planeten verbessern. Denke über Deine Zukunft nach und die Welt, in der Deine Kinder leben werden. Wir haben nur *eine* Erde – und wir sind für sie verantwortlich. Sei also ein Botschafter, der die Natur respektiert und schützt und andere dazu ermutigt. Gemeinsam können wir etwas erreichen und Gott dadurch verherrlichen!

Kapitel 15

Para-noia oder Meta-noia?

In den vorigen Kapiteln wurde kurz angerissen, was man praktisch tun kann und sollte, um dem Auftrag gerecht zu werden, gute Verwalter der Schöpfung zu sein. Der Veränderung des Tuns muss die Veränderung des Denkens entsprechen, ja, sogar vorausgehen. Denken, Erkenntnis, Verstand – dafür gibt es im Griechischen das Wort νόος oder νοῦς (*nóos, noûs*), das uns in zusammengesetzten Fremdwörtern begegnet wie den in der Überschrift genannten.

»Paranoia« bedeutet »neben dem Verstand« und wird für psychische Störungen gebraucht, die sich in Wahnvorstellungen und Ängsten äußern. Die Gleichgültigkeit, Gier und Hilflosigkeit der Menschen im Angesicht der massiven Umweltprobleme, die die Erde bedrohen, kann so etwas wie Paranoia auslösen, kann zu Panik führen – und damit nicht zum Ziel, der Bewahrung der Schöpfung.

Verzweiflung droht gerade engagierte Menschen zu ergreifen, zu lähmen oder zu irrationalem Handeln zu treiben. Das ist nur zu verständlich. In der Bibel wird immer wieder auf die Sünden und die Ungerechtigkeit der Menschen als Ursache für die Bedrohung des Lebensfortgangs hingewiesen. In aktuellen Schlagworten wird dann das Wort

»Klima« vorangesetzt – »Klima*sünder*«, »Klima*gerechtigkeit*« –, und wir verstehen, warum Jesus so oft von Sünde und Gerechtigkeit sprach, ja, dafür sein Leben einsetzte.

Überhaupt stand Jesus offenbar ständig vor Augen, auf welche Katastrophen die Menschheit zuging. Seine sogenannten Endzeitreden, seine oftmalige Erwähnung der Gefahr der Hölle, seine Skepsis gegenüber den Motiven der Herrschenden werfen die Frage auf, wie er trotzdem Sätze wie die folgenden sagen konnte: »Euer Herz werde nicht bestürzt, sei auch nicht furchtsam.«[73] »In der Welt habt ihr Bedrängnis; aber seid guten Mutes, *ich* habe die Welt überwunden.«[74] Was ist das Geheimnis seiner Ruhe, die er den Menschen um ihn herum – ja, *allen* Menschen – mitteilen will?

Das andere Wort in der Kapitelüberschrift leitet sich auch von *noûs* (Verstand, Erkenntnis) ab. Es ist *meta-noia*: Um-denken, Sinnesänderung, Transformation des Denkens. »meta« heißt »nach« – es erfolgt eine Änderung des Denkens zu einem Danach. Das Wort wird im christlichen Kontext auch als Buße übersetzt. Und wir verstehen, dass Buße zu Entkrampfung führt und eine Chance beinhaltet. Die Chance zum Neuanfang, zu einer zweiten Chance ist ein Geschenk. Im menschlichen Kontext werden Fehler als unverzeihlich eingestuft, Menschen las-

73 Johannes 14,27.

74 Johannes 16,33.

sen andere Menschen fallen, Vergebung wird nicht gewährt. Jesus entlastet uns durch die Information, dass es bei Gott anders ist. Gott weiß, dass wir zu Gutem und Bösem fähig sind und das Gute das Böse nicht aufwiegen kann. Daher schenkt er uns die Möglichkeit zur »Metanoia«, zur Buße, und reagiert darauf mit Vergebung.

Deshalb ist Jesus angesichts von Umweltzerstörung, die es zu seiner Zeit ja auch schon reichlich gab, und angesichts des menschlichen Egoismus in der Lage, Hoffnung zu haben und Hoffnung zu machen. Sinnesänderung ist möglich. Hoffnung ist real. Das letzte Kapitel schildert, wie weit Jesus die Tür zur Zukunft geöffnet hat.

Kapitel 16

Die Tür zu einer lebensvollen Gegenwart und Zukunft ist offen

Ein vernünftiger Umgang mit der Gegenwart im Licht der Zukunft und im Vertrauen auf Gott wird im Neuen Testament durch den Apostel Petrus so ausgedrückt: »Es wird aber der Tag des Herrn [der ein Tag des Gerichts sein wird] kommen wie ein Dieb, an dem die Himmel vergehen werden mit gewaltigem Geräusch, die Elemente aber im Brand werden aufgelöst und die Erde und die Werke auf ihr werden verbrannt werden. Da nun dies alles aufgelöst wird, welche solltet ihr dann sein in heiligem Wandel und Gottseligkeit! – indem ihr erwartet und beschleunigt die Ankunft des Tages Gottes, dessentwegen die Himmel, in Feuer geraten, werden aufgelöst und die Elemente im Brand zerschmelzen werden. Wir erwarten aber nach seiner Verheißung neue Himmel und eine neue Erde, in denen Gerechtigkeit wohnt. Deshalb, Geliebte, da ihr dies erwartet, so befleißigt euch, ohne Flecken und untadelig von ihm befunden zu werden in Frieden.«[75]

Diese etwas komplizierten Sätze fasst man sich am besten kurz zusammen:

75 2. Petrus 3,10-14.

1.) *Gottes zukünftige Schöpfung erwarten;*
2.) *ein gottgefälliges Leben führen;*
3.) *so leben, dass Gott Gericht (Gerechtigkeit) und Neuanfang bald bringen kann;*
4.) *lebe so, dass Du ohne Schuld und mit einem guten Gewissen auf Gott zugehen kannst.*

Was bedeuten diese Aussagen in der Sprache unserer Zeit?

Zu 1.) Gottes zukünftige Schöpfung erwarten. Wer einen Urlaub gebucht hat, sieht ihm mit Freude und Hoffnung entgegen. Menschen brauchen etwas, worauf sie hoffen können. Wer nicht mehr hoffen kann, wird depressiv. Natürlich freuen wir uns besonders auf Dinge oder Ereignisse, die besonders schön oder wichtig sind.

Christen hoffen darauf, mit ihrem Heiland-Gott Jesus Christus in einer neuen Schöpfung leben zu können. Diese Aussicht übertrifft alles, was man sonst erhoffen oder erwarten kann. Sie wird also unser Leben bestimmen. Petrus erinnert daran und fordert dazu auf, diese Hoffnung nicht als vage Möglichkeit zu behandeln, sondern sie aktiv zu erwarten. Jemand mit einer so großartigen Hoffnung wird kein Miesmacher, Eigenbrötler oder Umweltverschmutzer sein.

Genauso wie jemand, der bald einen Traumurlaub antritt, innerlich aufgeräumt sein wird und, bevor er wegfährt, auch seine Wohnung und seinen Arbeitsplatz aufräumt.

Christen haben eine glorreiche Zukunft. Deshalb müssen sie nicht in der jetzigen Zeit alles haben, was sie nur kriegen können. Unsere Erwartung der Zukunft führt uns dahin, nicht in Gier zu leben; und Gier ist eine Haupttriebfeder von Umweltzerstörung, wie wir gesehen haben.

Zu 2.) Ein gottgefälliges Leben führen. Gott spricht in der Bibel nicht von Müllhalden und Atomkraftwerken. Aber von Wüsten und Kriegen. Weil er allgemeine, konkretisierbare Angaben macht, was ihm gefällt, können Menschen in jeder Kultur zu jeder Zeit »gottgefällig« mit sich und ihrer Umwelt umgehen. Umwelt ist auch jeder Mitmensch. Jesus sagte: »Du sollst deinen Nächsten lieben wie dich selbst.«[76] Auf dieser Basis lassen sich alle auf Un-Menschlichkeit basierenden Umweltprobleme konkret anpacken. Ein anderes Mal formulierte Jesus ganz positiv als Handlungsanstoß: »Alles nun, was irgend ihr wollt, dass euch die Menschen tun, das tut auch ihr ihnen ebenso!«[77]

Über unser Verhältnis zu anderen Geschöpfen handelte ja bereits Kapitel 8: Wir sollen sie weder misshandeln noch vergöttern.

Zu einem gottgefälligen Leben gehört natürlich vor allem das Folgende: Ein jüdischer Gelehrter fragte Jesus einmal: »Welches Gebot ist das erste von allen? Jesus antwortete: Das erste ist: ›Höre, Israel: Der Herr,

76 Zum Beispiel in Markus 12,31.

77 Matthäus 7,12.

unser Gott, ist *ein* Herr; und du sollst den Herrn, deinen Gott, lieben aus deinem ganzen Herzen und aus deiner ganzen Seele und aus deinem ganzen Verstand und aus deiner ganzen Kraft.‹ Das zweite ist dieses: ›Du sollst deinen Nächsten lieben wie dich selbst.‹ Größer als diese ist kein anderes Gebot.«[78]

Das zweite von Jesus genannte lebenswichtige Gebot wurde gerade erwähnt: Nächstenliebe. Sehen wir alle ein, handeln aber selten aktiv danach. Nächstenliebe ist etwas Aktives. Nicht bloß dem Mitmenschen in mehr oder weniger belangloser Weise seine Freiheit zu lassen. Zum Beispiel die Freiheit, für wenig Lohn für mich zu arbeiten!

Wie ist es aber mit der Gottesliebe? »*... aus deinem ganzen Herzen und aus deiner ganzen Seele und aus deinem ganzen Verstand und aus deiner ganzen Kraft ...*« Wir sind hier wieder bei dem Doppelproblem angekommen, das uns in Kapitel 4 und 5 beschäftigte: erstens die gestörte, fehlende Beziehung zu Gott (Adam und Eva); zweitens ein verstörender Umgang miteinander (Kain ohne Abel).

»Gottgefällig leben« heißt, dass wir Christen erstens Gott zugewandt leben, weil er sich uns in Jesus zugewandt hat, und dass wir zweitens verantwortungsvoll mit unseren Mitmenschen und der ganzen Schöpfung umgehen. Beides ist wichtig, nur beides zusammen führt zu vollem, auch verantwortungsvollem Leben: Gottesliebe und Menschenliebe.

78 Markus 12,28-31.

Zu 3.) So leben, dass Gott Gericht und Neuanfang bald bringen kann. »Lieber ein Ende mit Schrecken als ein Schrecken ohne Ende«, sagt ein Sprichwort. Natürlich wird niemand – außer er ist krankhafter Menschenfeind – wirklich wollen, dass diese Welt oder andere Menschen untergehen. Trotzdem würden wir einem Strafurteil zustimmen, das beispielsweise über einen Schwerverbrecher nach ordentlicher Gerichtsverhandlung ausgesprochen wird, selbst wenn es für diese Person lebenslange Inhaftierung bedeutet. Das Urteil ist gerecht und die Bestrafung angemessen; angemessen sowohl, um eventuelle weitere Opfer zu schützen, als auch, um diesem Menschen Gerechtigkeit widerfahren zu lassen. Er bekommt, was er verdient.

Gottes Gericht über diese Welt und über jeden Einzelnen von uns wird nicht schön sein. Aber gerecht. Daher ist es gut, dass er uns einen Weg geöffnet hat – den Weg seiner Gnade –, der uns vor diesem unbestechlichen Gericht bewahrt. »Wer an ihn glaubt, wird nicht gerichtet …«[79] An ihn – das ist Jesus, der hier selbst spricht.

Gott wird nicht alles immer so weiterlaufen lassen. Er wird Schluss machen mit dem jetzigen Treiben, mit den herrschenden Verhältnissen. Mit einer Menschheit, die über die Erde verfügt, als hätte sie noch eine zweite im Kofferraum. Die mit anderen Menschen umspringt, als wären Menschen Sklaven,

---

79 Johannes 3,18.

Konsumgegenstände oder Wegwerfartikel. Mit einer gleichgültigen Menschheit.

Gott wird die Welt richten. Das wird gut und angemessen sein. *Bitte* lassen Sie sich vorher mit Gott versöhnen, indem Sie an sein Gnadengeschenk glauben!

Wir Christen hoffen, dass Gott bald seinen neuen Anfang macht. Wir versuchen, so zu leben, dass er sein Gericht bald bringen kann. Was tun wir dafür? Wir leben und reden von seiner Gnade. Wir bezeugen mit unserem Leben, dass er existiert. Wir zeigen, dass die jetzige Welt Gott gehört und wir deshalb nicht damit machen können, was wir wollen. Dass egoistische Partikularinteressen diese Welt kaputt machen.

Aber wir wollen auch zeigen und sagen, dass die jetzige Welt, die unter dem Fluch steht, bald von einer neuen, ewigen, besseren Welt abgelöst wird. Der Fluch ist: unabgetragene, immer weiter anwachsende kollektive und individuelle Schuld. Bitte kommen Sie mit in Gottes neue, durch Jesus erlöste Schöpfung! Bitte werden Sie Teil dieser Schöpfung! Die einzige Alternative wäre furchtbar.

Zu 4.) So leben, dass man ohne Schuld und mit einem guten Gewissen auf Gott zugehen kann, wenn er kommt. An dieser Stelle möchte ich betonen, dass jeder Mensch vor drei Instanzen Schuld auf sich lädt: vor Gott, vor Mitmenschen, vor der gesamten Schöpfung. Daher gehen Risse durch die Schöpfung: zwischen Gott und Menschen, zwischen Menschen, zwischen Menschen und Umwelt im weitesten Sinne. Schuld erfordert Einsicht und Bekenntnis, damit es zur wirklichen Änderung von Motivation und Handeln kommt. Die Schuld vor Gott klingt wahrscheinlich am abstraktesten. Es gibt etwas in uns, was sich hartnäckig sträubt, Frieden zu machen mit Gott und ihm zu vertrauen.

Der gängige Ausdruck »an Gott glauben« trifft gar nicht, worum es geht. Es geht um eine personale Beziehung, nicht um eine mehr oder weniger bewiesene Sache. Die Formulierung »Gott glauben« sagt es genauer als »an Gott glauben«.

»Gott glauben« ist dasselbe wie »Gott vertrauen«, so wie man auf der zwischenmenschlichen Ebene einer anderen Person glaubt und vertraut. Ich glaube nicht *an* meine Frau, sondern ich glaube und vertraue ihr und sie mir für die Beziehung, in der wir stehen. So ist es in Freundschaften, so ist es zwischen Eltern und Kindern; so müssen wir den Kontakt mit Gott aufnehmen. Gott kann man vertrauen, dass er uns vergibt und einen Neuanfang ermöglicht.

Wenn wir glauben, dass diese Welt keine unendliche Zukunft hat, sondern auf Gottes endgültige, ewige Welt setzen, dann können wir nicht sagen: »Es ist alles egal. Ich werfe meinen Abfall irgendwo in die Gegend, kümmere mich um nichts usw. usw.« Nein! So laden wir Schuld auf uns und können kein gutes Gewissen haben. Aber woher bekommen wir einen Maßstab, *wie* wir die Umwelt behandeln dürfen und sollen?

Das Neue Testament ist voll von praktischen Hinweisen für unser Leben. Berufsleben, Familienleben, Eheleben, Miteinander, bürgerliches Leben, in der weltweiten Kirche, in der Nachbarschaft und in der Natur – für jeden Aspekt von Umwelt, in der wir leben, enthält die Bibel und besonders das Neue Testament Gottes gute Gebote für unser Handeln. Man könnte die Bergpredigt (Matthäus-Evangelium, Kapitel 5–7) zitieren oder den ganzen Epheserbrief und sehr viel mehr. Das muss hier nicht im Detail behandelt werden; jeder kann es nachlesen. Wie wir mit unserer Umwelt umgehen, das ist keine isolierte Sache, das kann man nicht von unserer Lebensweise insgesamt und allgemein abtrennen.

Christ zu sein, eröffnet uns die ganze Vielfalt des Lebens. Das ermöglicht es, sich eingebettet zu wissen in diese Schöpfung und von daher korrekt mit ihr umzugehen. Christ zu sein, bedeutet auch, zu wissen, wo das Elend in der Welt herkommt, und den Ausweg zu kennen. Christ zu sein, bedeutet, in der Vielfalt der Beziehungen zu Schöpfer, Menschen, Tieren, Pflanzen und der ganzen Schöpfung zu stehen. Dietrich Bonhoeffer hat das im Gefängnis in Tegel 1944 bei Luftangriffen in einer schon fast ganz zerstörten Heimat erlebt. Der in Kapitel 12 wiedergegebene Auszug aus einem seiner Briefe legt beredtes Zeugnis von der unzerstörbaren Ganzheit eines christlichen Lebens ab.

Das vorliegende Büchlein ist in der Hoffnung geschrieben worden, dass es Menschen einen Weg aus sorgenvoller, ängstlicher Einseitigkeit weist. Diese Einseitigkeit oder Einschränkung kann Egoismus sein. Kann Angst vor der Zukunft sein. Kann Fixierung auf bestimmte Umweltprobleme unserer Zeit sein. Kann christliche Selbstzufriedenheit sein, die auch wieder nur Egoismus ist, wenn auch fromm verbrämt. Gott ist uns in Jesus entgegengekommen. Sein Friedensangebot vertrauensvoll anzunehmen, bedeutet, in der jetzigen und zukünftigen Umwelt seinen Platz gefunden zu haben.

Über die Autoren

Peter Imming wurde 1958 in Kassel geboren. Er ist Chemiker und hat seit 2004 eine Professur in der Biowissenschaftlichen Fakultät der Martin-Luther-Universität Halle inne. Er leitete von 2017 bis 2021 ein vom Bundesministerium für Bildung und Forschung gefördertes Projekt, in dem es um nachhaltige Nutzung afrikanischer Arzneipflanzen ging. Seit 2022 baut er an der Universität Halle einen Kurs »Nachhaltige Pharmazie« auf. Sein Hauptforschungsgebiet sind neue Wirkstoffe gegen Tuberkulose, der bakteriellen Infektion mit weltweit den meisten Todesfällen. Mit diesem Büchlein will er zu begründeter Hoffnung und engagiertem Leben ermutigen.

Joël Schrumpf stammt aus Frankreich. Dort studierte er im Bereich Chemie und Umweltwissenschaften. Nach vier Jahren erhielt er sein Ingenieurdiplom. Doch sein Weg veränderte sich, als er eine praktische Erfahrung als Ornithologe im Süden Frankreichs sammelte. So beschloss er, einen Master in Umweltmanagement an der Christian-Albrechts-Universität zu Kiel abzuschließen. Seit 2020 lebt er in der Demokratischen Republik Kongo und arbeitet im Bereich »Umweltmanagement« an der Shalom-Universität zu Bunia im Nordosten des Landes. Dort ist er Mitglied der Fakultät für Wissenschaften mit Schwerpunkt auf Lehre, Forschung und Umweltbildung. Er engagiert sich christlich motiviert für Naturschutz, Erhalt der Artenvielfalt und Verbesserung der Lebensbedingungen.

Soulsaver e.V.

36 Argumente für Gott

144 Seiten, Taschenbuch
ISBN 978-3-86699-404-1

36 frische und gut recherchierte Argumente zum Thema »Gibt es Gott oder nicht?« Wie wir mit dieser Frage umgehen, prägt so oder so zutiefst unser Leben.

Dieses Büchlein gibt dir neue und überraschende Hinweise aus den Natur- und Geisteswissenschaften, aus der Geschichte sowie aus Erlebnissen und Erfahrungen von Menschen.

Eine Einladung zu kritischem Denken, zum Schmunzeln über dich selbst und zum Neu-Beginnen.